JN065501

教師が知らない「子どものスマホ・SNS」新常識

学校を変える「可能性」と「危険性」

千葉大学教授

藤川大祐

教育開発研究所

❖はじめに
──認識をアップデートしよう

　2020年代は、新型コロナウイルス感染症との闘いとともに幕を開けました。2020年春、世界中で外出が抑制され、学校は閉鎖され、街から人が消え、人々は家で過ごすこととなりました。東京オリンピック・パラリンピックは延期され、国を超えた人々の往来は止まりました。

　コロナ禍において、私たちはスマホやパソコンを駆使して、コミュニケーションを取り続けました。仕事や教育がリモートで進められることは珍しくなくなりました。オンラインゲームや動画視聴が、巣ごもり生活の中での娯楽の主役となりました。2010年代までに発展を続けてきていた情報技術は、コロナ禍で人々の物理的な移動が大きく制限される中において、ますます存在価値を高めています。

　コンピュータや携帯電話等に関わるこれまでの経緯を、簡単に振り返ってみましょう。

　1980年代まで、コンピュータは**業務用あるいは研究用**には使われていても、私たちの日常の表舞台に登場していたとは言えませんでした。ただ、1980年代に音楽レコードがデジタルのCDにほぼ全面的に移行したことや、1980年代後半にワープロ専用機が普及して文書作成のあり方が変化し始めたこと等、コンピュータに関連する技術が少しずつ私たちの生活に直接的な影響を与えるようになっていたことに、注意が必要です。学校にも少しずつコンピュータ室が整備されるようになりました。

　1990年代、**インターネット**が本格的に普及します。1990年代前半は、パソコンが電話線につながることによるパソコン通信が拡大するとともに、ワープロソフトや表計算ソフトの利用が広がった時代でした。そして1995年のWindows95発売を機に、家庭でのインターネット利用が広がります。学校のコンピュータも、少しずつインターネットに接続されるようになりました。ポケットベルから携帯電話・PHSへと、持ち運び型の通信機器も普及し、どこでも通信ができる「ユビキタス」の時代がすぐそこに来ていると言われるようになりました。日本では1999年にNTTドコモが「iモード」の

サービスを開始し、携帯電話でのインターネット利用が始まりました。

　そして、2000年代（2000〜2009年のゼロ年代、以下同じ）になると携帯電話が幅広い世代に一気に普及し、日本ではカメラ、音楽プレイヤー、地図、決済機能（おサイフケータイ）等、さまざまな機能を持つ多機能携帯電話（日本独自の進化が見られたことから、後にガラパゴスケータイ＝**ガラケー**と呼ばれるようになります）が広く使われるようになります。そして、携帯電話で利用できる**掲示板やSNS**等が使われるようになって、ネットいじめ、ネットに起因する犯罪等の問題が深刻化しました。子どもが使用する携帯電話はフィルタリング・サービス（以下、**フィルタリング**）をつけたり、学校で情報モラル教育を行ったりといった対応がとられるようになりました。ちなみに、Twitterのサービス開始は2006年、iPhoneの日本での発売は2008年、iPadの発売は2010年になってからです。

　2010年代は、ガラケーから**スマートフォン**（以下、スマホ）への移行がなされ、LINEをはじめとしたスマホアプリが広く利用されるようになった時代でした。青少年にスマホが普及したのは、2013年前後であり、同じ時期にLINEの使用も急拡大します。写真を中心としたインスタグラムや動画を中心としたTikTok等、スマホアプリならではの発信ができるアプリの利用が広がりました。iPad等の**タブレット**も普及し、学校にも少しずつ導入されるようになっています。

　このように状況は常に変化してきました。当然、コンピュータや携帯電話が子どもの生活や学校教育にもたらす影響も、変化し続けています。

　こうした状況の変化を追いながら、新しい状況をふまえた対応を続けていくことは、容易ではありません。ともすると、かなり前の状況認識のままで、対応がなされるということになります。ネットいじめやネットに起因する犯罪が問題となったのは2000年代中頃ですが、今でも当時と似た認識で対応している人がいるのではないでしょうか。

　日本ではスマホの普及とともにネットいじめやネットに起因する犯罪被害が深刻化する一方で、学校でのコンピュータ利用は遅々として進まない状態が続いてきました。AIによって将来の人間の仕事が奪われるのではないかという不安はささやかれているものの、AI等の技術を積極的に活用して社

会に貢献しようとする教育は未だ特に行われてはいません。

　コロナ禍の中で、2020年代はもう始まっています。小中学校に1人1台端末環境を整備する「GIGA スクール構想」が前倒しされる等、これまでと異なる動きがすでに進みつつあります。いつまでも 2000 年代の常識のまま、子どもたちにとってのスマホや SNS を考えているわけにはいきません。

　本書は、子どもにとってのスマホや SNS、さらには情報技術全般について、認識をアップデートするための本です。七つの章のそれぞれで、異なる問題を取り上げ、最近の事例等を含め具体的に論じました。一つの問題だけを見ていても、変化しつつある状況を捉えることは困難です。ぜひ本書全体を通読していただき、多面的に状況の変化を捉えていただければ幸いです。

2020 年 12 月　著者

§1 スマホを使うことは子どもの権利なのか？

1

スマホを使うことは子どもの権利なのか？

＃「青少年が安全に安心してインターネットを利用できる環境」

　子どもの携帯電話・スマートフォン（スマホ）をめぐるトラブルが社会問題化してから、もうずいぶん経ちます。

　問題が本格的に注目されるようになったのは、2007年頃でした。青少年の携帯電話利用が広がるとともに、「プロフ」（プロフィールサイト）や「学校裏サイト」、ゲーム系のSNS等で、誹謗中傷、ネットいじめ、ストーキング等の問題が多発し、青少年の安全な携帯電話利用が課題になりました。

　その後、2009年に**青少年インターネット環境整備法**という法律が施行され、官民をあげて対策が進められてきました。現在、政府が行っていることは、基本的にこの法律によるものです。この法律の正式名称は「青少年が安全に安心してインターネットを利用できる環境の整備等に関する法律」ですので、この法律が目指すことを端的に言えば、「青少年が安全に安心してインターネットを利用できる環境」を整備することとなります。なお、ここで言う「青少年」とは18歳未満の者を指します。

　では、どのような環境であれば、青少年が「安全に安心して」インターネットを利用できると言えるのでしょうか。青少年インターネット環境整備法は、以下の2点を挙げています（第3条）。

1　青少年自らによる、**インターネットを適切に活用する能力**の習得。
2　フィルタリングの性能の向上及び利用の普及や、事業者が青少年の有害情報閲覧を防止する措置など。

　1は、青少年がインターネット利用能力を高められるよう教育・学

習を行うということです。では、こうした教育・学習の機会は誰が設けるのでしょうか。青少年インターネット環境整備法は、次のような人々に対して、青少年が能力を向上できるよう努めるよう定めています。

○ 青少年のインターネット利用に関する事業者
○ 保護者
○ 国及び地方自治体

　要は、官民をあげ、保護者も協力して、青少年のインターネット利用についての教育・啓発を進め青少年の利用能力を高めることで、青少年が安全に安心してインターネットを利用できるようにしようということです。

　実際には、事業者の取り組みとして、携帯電話会社やSNS事業者が教材を作って配布したり出前授業をしたりと、さまざまな取り組みがなされています。国や地方自治体の取り組みとしては、文部科学省が学習指導要領で情報モラル教育の推進を定めていることをはじめ、各地での啓発イベントの開催やリーフレットの作成・配布等が行われています。

　教育・啓発の成果を評価することは難しいのですが、携帯電話サービスの契約時にも一定の説明がなされていますし、学校でも情報モラル教育はある程度実施されているはずですので、「ネットでの甘い誘いは危険である」とか「ネットに個人情報を出すときには気をつけよう」とか「ネットで誰かを中傷するのはよくない」といったことはほとんどの子どもが理解していると言えそうです。もちろん、だからといってすべての子どもが安全に安心してインターネットを利用できるとは言えません。わかっているはずなのに、危険なことをしてしまう子どもはどうしても出てきてしまいます。このことは本書でもさまざまな面から考えていきたいと思います。

2は、ここまでのところ、フィルタリングの普及が中心となっています。

　フィルタリングというのは、利用者がインターネットを利用する際に、言わばフィルターをかけて、有害な情報をブロックする仕組みのことです。有害な情報をブロックすることができれば、青少年が安全に安心してインターネットを使えるというわけです。青少年インターネット環境整備法では、18歳未満の者が使用する携帯電話端末には、**保護者が不要と申し出ない限りフィルタリングを適用**することを携帯電話会社に義務付けており、フィルタリングの利用を進めようとしています。

　しかし、フィルタリングというものには、常に困難がつきまといます。青少年にとってどのような情報が有害かは、はっきりと決まるわけではありません。厳しめに判定して多くの情報をブロックすれば、安全と思われる情報もブロックされて、使い勝手が悪くなってしまいます。甘めに判定してしまうと、フィルタリングを使っていてもトラブルの防止ができません。法律がフィルタリングの「性能の向上」を挙げているように、フィルタリングが実効的なものとなるには工夫が必要です。

　たとえば、Twitterについて考えてみましょう。Twitterは今や情報インフラの一つと言えるほど重要な連絡手段となっており、官公庁をはじめ企業や著名人等の公式アカウントが多く設けられています。しかし、青少年がSNSを通じて遭う犯罪被害の中で圧倒的に多いのがTwitter経由ですし（第4章参照）、神奈川県座間市で自殺志願者が連続して殺害された事件でもTwitterが使われていました。被害の数で言えば、Twitterは最も有害なサービスということになります。フィルタリングでTwitterをブロックすれば重要な情報にアクセスしにくくなりますが、Twitterをブロックしなければ被害につながるルートを開いたままになるのです。本来、Twitter全体をブロックするか否かでなく、**Twitterの中の有害な情報のみをブロックする仕組み**

図1　フィルタリングの利用率の推移

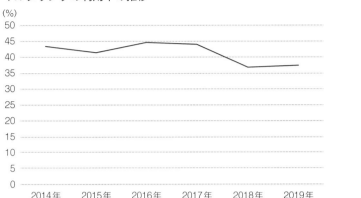

※内閣府「令和元年度青少年のインターネット利用環境実態調査」より。

が必要であるはずです。しかし、現状ではそうした仕組みは作られていません。

　Twitter全体をブロックするか否かというやり方は、電話が危険だから電話全体を使わないようにするか否かを選択せよというのと同じです。電話は、高齢者等をターゲットとした詐欺被害に使われます。しかし、だからといって高齢者の電話利用自体をやめようという話にはなりません。電話を使った詐欺についての啓発を進めるとともに、発信者番号通知機能や留守番電話機能を使って、知らない番号からの電話に慎重に対応してもらおうというのが、現在行われていることです。Twitter全体をブロックするかどうかでなく、Twitter利用に起因する被害をどのように防ぐかを、もっときめ細かく考えなければなりません。

　このようにフィルタリングの使い勝手に課題があるせいか、フィルタリングの利用率は低落傾向にあり、2019年度の内閣府の調査では、子どもにスマートフォンを使用させている保護者のうちフィルタリングを使わせている保護者は37.4%にとどまっています（**図1参照**）。

　青少年インターネット環境整備法が施行されて10年以上が経ちま

すが、青少年が安全に安心してインターネットを利用できる環境は、いまだ構築途上にあります。教育・啓発は一定程度進んできたものの、それでも危険なことをしてしまう者は出てきます。そうした者を守るための策が事実上フィルタリングの普及しかなく、そのフィルタリングがあまりうまく機能していないのが現状です。

フィルタリングの現状と課題については、第4章であらためて考えましょう。

＃ スマホ利用は子どもの権利か？

このように、青少年が安全に安心してインターネットを利用できる環境の整備には、まだ課題があります。しかし、青少年インターネット環境整備法は、青少年のインターネット利用を強く規制しようとしているわけではありません。フィルタリングの利用が求められていますが、それは有害情報を閲覧できないようにするためであり、情報全般について閲覧を規制しようとしているわけではありません。

では、インターネットを利用することは、青少年の権利と言えるのでしょうか。

青少年インターネット環境整備法では、次のように1ヵ所だけ、「権利」という語が使われています（太字・下線は引用者）。

（目的）
第1条　この法律は、インターネットにおいて青少年有害情報が多く流通している状況にかんがみ、青少年のインターネットを適切に活用する能力の習得に必要な措置を講ずるとともに、青少年有害情報フィルタリングソフトウェアの性能の向上及び利用の普及その他の青少年がインターネットを利用して青少年有害情報を閲覧する機会をできるだけ少なくするための措置等を講ずることにより、青少年が安全に安心してインターネットを利用できるようにして、青少年の__権利__の擁護に資することを目的とする。

　このように法律の目的に「青少年の権利の擁護に資すること」が挙げられていることから、一見、この法律では青少年がインターネットを利用することを権利として捉えているように見えるかもしれません。そのような解釈も可能とは思われます。

　しかし、子どもの権利条約が子どもの権利として「生きる権利」「育つ権利」「守られる権利」「参加する権利」を挙げていることから考えると、法律が言っているのは単純にインターネットを利用する権利のことではなく、子どもたちがインターネットのトラブルによって人権侵害をされることから守られるということが、主要に考えられているようにも思われます。法律において青少年が有害情報に触れないことが重視されていることからも、性犯罪や中傷等による人権侵害から青少年を守ることが、「権利の擁護」の主要な内容になっていると考えるべきでしょう。

　少なくとも、青少年インターネット環境整備法は、インターネットを利用することが青少年の権利であると明示的に言っているわけではありません。

　では、現在あるいはこれからの社会において、子どもにはインターネットを利用する権利があると考えるべきなのでしょうか。

　この問いは、子どもとネットの問題を考える上で、大変重要な問いです。なぜなら、**子どもにインターネットを利用する権利があると考えるかどうかで、具体的な対応を考える際の考え方が大きく異なるからです。**すなわち、インターネット利用が子どもの権利だと考えるかどうかで、子どもの利用を規制しようとするか否かが変わってくるはずなのです。

　今、私たちの社会では、この辺りの考え方が整理されていないように思われます。

　インターネット利用は、ある意味で子どもの権利と考えられていると言えます。第7章であらためて考えることにしますが、学校では情報教育が実施され、子どもたちは多かれ少なかれ、学校でインターネ

ットを使う学習を行っています。新型コロナウイルス禍で前倒しされた「GIGAスクール構想」によって、小中学校では1人1台の情報端末が配備され、インターネットを使った学習がこれまで以上に日常化する見込みです。学力国際比較調査では、インターネットを通した情報の読み書きの能力が問われるようになっており、国際的にもインターネットを利用することが求められています。こうした状況は、インターネットを利用することが子どもの権利だと考えられていることを意味します。

　他方、インターネット利用は、子どもの権利とまでは言えないとも考えられていると言えます。子どもにスマートフォン等の機器を持たせるかどうかは保護者が決めることとなっており、保護者が認めなければ18歳未満の者が携帯電話サービスを契約することはできません。石川県が小中学生の携帯電話所持を禁じる条例（2010年施行）を作ったり、香川県が18歳未満の者のゲーム利用時間を制限する条例（2020年施行）を作ったりしている例もあり、子どものインターネット利用は権利ではなく、単に望ましくない行動と捉えられているとも言えそうです。

　現状では、子どもが学校教育の中でインターネットを使うことは受け入れられているものの、私的にスマートフォンやゲーム機でインターネットを使うことについては奨励できないという考え方がなされがちと言えるでしょう。

　しかし、このような考え方を続けていくことには無理があります。学校でインターネットを積極的に使わせながら、私的な利用は控え、使うなら家庭の責任でとするのには、一貫性がないと考えられます。

　日本も批准している**子どもの権利条約**は、子どもたちに次のような権利があることを宣言しています。

○ 自分に影響を及ぼす事項に意見を表明する権利
○ 表現の自由に関する権利

○思想、良心及び宗教の自由に関する権利
○結社の自由、平和的な集会の自由に関する権利
○私生活、家族、住居もしくは通信に対して恣意的にもしくは不法に
　干渉されない、または名誉・信用を不法に攻撃されない権利

　インターネットが普及した現代社会において、子どもが意見を表明したり表現をしたりするためには、インターネットの利用が不可欠です。また、自らの思想を育んだり同じような考え方の人と集団を構成したりするためにも、インターネットの利用が必要です。そして、通信に干渉されない権利も保障されているのです。

　このように考えれば、子どものインターネット利用を学校生活に限定することは困難です。少なくとも子どもの権利条約に従えば、私生活でスマホなどを使ってインターネットにアクセスすることは、現代社会を生きる子どもにとって重要な権利だと考えられるべきです。

　もちろん、未熟な子どもに何の配慮もなくインターネットを使わせてよいということにはならないでしょう。子どもの権利条約でも、国内外の多様な情報源から、子どもの福祉や健康のために有益な情報・資料を子どもが利用できるようにすること、有害な情報・資料から子どもを保護すべきことを定めています。このように考えると、青少年インターネット環境整備法が目指す方向性は、子どもの権利条約と一致していると言えます。むしろ、フィルタリングの普及ばかりに頼らず、子どもたちに積極的に有益な情報を提供したり、きめ細かく有害な情報をブロックしたりする仕組みを作っていく等、現状よりもさらに踏み込んだ対応が必要だということではないでしょうか。

＃　持ち込み希望を学校は拒めるか

　学校においては、子どもの学校へのスマホの持ち込みを認めるか否かという問題があります。

　学校への携帯電話やスマホの持ち込みに関する問題は、子どもの携

帯電話利用が盛んになった当初から生じていました。これまでの経緯をたどってみましょう。

　2008年12月、大阪府の橋下徹知事（当時）が、「児童・生徒の公立小中学校への携帯電話持ち込みを禁止」「府立高校では持ち込みは認めるが使用は禁止」という方針を表明しました。都道府県レベルでこうした方針が出されたのは初めてのことで、当時、この方針には注目が集まりました。大阪府がこうした方針を出した背景には、携帯電話の長時間利用が学力低下を招いていること、携帯電話でのインターネット利用がいじめや犯罪被害につながっていることがありました。なお、小中学校においても、安全面から携帯電話を持たせたい場合には、保護者が申請書を出して学校が許可することで、携帯電話の持ち込みが認められていました。

　これに続いて、2009年1月、文部科学省は、次の内容の通知を出しました。

(1)　小学校及び中学校
　　1　携帯電話は、学校における教育活動に直接必要のない物であることから、小・中学校においては、学校への児童生徒の携帯電話の持込みについては、**原則禁止**とすべきであること。
　　2　携帯電話を緊急の連絡手段とせざるを得ない場合その他やむを得ない事情も想定されることから、そのような場合には、保護者から学校長に対し、児童生徒による携帯電話の学校への持込みの許可を申請させるなど、**例外的に持込みを認める**ことも考えられること。このような場合には、校内での使用を禁止したり、登校後に学校で一時的に預かり下校時に返却したりするなど、学校での教育活動に支障がないよう配慮すること。
(2)　高等学校
　　1　携帯電話は、学校における教育活動に直接必要のない物であることから、授業中の生徒による携帯電話の使用を禁止した

り、学校内での生徒による携帯電話の使用を一律に禁止したり
するなど、学校及び地域の実態を踏まえ、学校での教育活動に
支障が生じないよう校内における生徒の携帯電話の使用を制限
すべきであること。
　2　学校が学校及び地域の実態を踏まえて生徒による携帯電話の
学校への持込みを禁止することも考えられること。

　この文部科学省の通知の内容は、大阪府の方針と基本的に同じで
す。言わば、文部科学省は大阪府の方針を追認したわけです。
　これ以降、高校では携帯電話を持ち込んでも学校では使わないこと
が一般的となりましたが、小中学校においては対応が分かれました。
すなわち、あくまでも携帯電話を持ち込み禁止とする地域・学校もあ
れば、保護者から申請があれば持ち込みを認め、校内では使用禁止と
する地域・学校もありました。
　学校においては、教育活動に必要ない物（いわゆる不要物）を持っ
てきてはいけないということが、明示的なルールもしくは暗黙のルー
ルになっていることが一般的です。これは本来、教育や学習に支障を
生じさせる物を持ってきてはいけないとすべきであり、必要がなくて
も無害なら持ち込みを禁止する理由にはならないようには思われま
す。携帯電話の持ち込みに関しても、教育や学習に支障が生じうるか
という観点から検討がなされるべきです。
　このように考えたとしても、携帯電話やスマホの学校持ち込みは、
やり方によっては教育や学習に深刻な支障が生じます。授業中に音が
鳴って授業の妨げになるかもしれませんし、子どもたちの間で盗難、
紛失、破損等の問題が生じたら学校で時間をとって対応しなければな
りません。盗聴や盗撮といったトラブルへの対応も必要になる可能性
があります。学校外での携帯電話等の利用であれば当事者の責任で対
応がなされるべきでしょうが、学校内で問題が生じたら学校が責任を
負わざるをえません。こうしたことを考えれば、学校が持ち込みに慎

重になるのは当然です。

　その後、地域や学校の状況は二つに分かれました。文部科学省の原則に従ってスマホ等の持ち込みを認めていなかった地域・学校がありましたが、家庭からの申請によって認めていた地域・学校の方が多くなっていました（**表1**参照）。

　その後、学校への携帯電話やスマホの持ち込みについて話題になることは少なかったのですが、2018年6月に発生した大阪北部地震がきっかけとなり、この問題が再び注目されるようになりました。大阪北部地震では、小学校沿いのブロック塀が倒れ、通学途中の小学生が下敷きになって死亡するという痛ましい出来事が生じました。そして、このように通学途中に地震等があった場合の緊急連絡用に、子どもにスマホを持たせたいという声が大きくなりました。

　2019年2月、大阪府教育庁は、府内の公立小中学校に通う児童生徒について、スマホ・携帯電話の学校内への持ち込みを認めると発表しました。そして文部科学省もその後、有識者会議を設けてこの問題を検討し、2020年7月31日、「学校における携帯電話の取扱い等について」という通知を出しました。前回と同様に、大阪府の動きを受けて文部科学省が通知を出したことになります。

　文部科学省の通知について、新聞では「中学生の学校への携帯持ち込みを条件付きで容認」などの見出しが出ており、それまで原則禁止とされてきた学校へのスマホ・携帯電話の持ち込みが容認されるようになったという印象を与えています。

　しかし、文部科学省の通知をよく読むと、小学校についても中学校についても、児童生徒による学校への携帯電話の持ち込みについては、「原則禁止とすべきであること」と書かれています。**持ち込みが原則禁止であることは変わっていないのです**。しかし、学校へのスマホの持ち込みを許可してほしいという声があったという文脈があったために、文部科学省が学校へのスマホ持ち込みを容認したと受け取られました。

表1　都道府県の携帯電話等の持ち込みに関する指導方針

1．都道府県教育委員会として、児童生徒の携帯電話の持込み等について指導方針を定めているか。			
はい：59.7%		いいえ：40.3%	

（1）定めている場合、どのような内容か。

	小学校	中学校	高等学校	特別支援学校（小学部）	特別支援学校（中学部）	特別支援学校（高等部）
（ア）原則持込み禁止	23.1%	22.5%	0.0%	27.6%	27.6%	3.4%
（イ）原則持込み禁止とするが、一定の理由・事情に限って、家庭からの申請により持込みを認める	66.7%	65.0%	18.2%	51.7%	51.7%	24.1%
（ウ）原則持込み禁止とするが、機能を限定した機種に限って、家庭からの申請により持込みを認める	0.0%	0.0%	0.0%	0.0%	0.0%	0.0%
（エ）持込みを認めているが、学校内での使用を禁止	0.0%	2.5%	42.4%	6.9%	6.9%	41.4%
（オ）持込みを認めているが、授業中の使用を禁止	0.0%	0.0%	12.1%	0.0%	0.0%	6.9%
（カ）持込みを認めているが、学校内では一時的に預かり下校時に返却	0.0%	0.0%	0.0%	0.0%	0.0%	3.4%
（キ）市町村ごとに方針を明確化	7.7%	5.0%	－	－	－	－

※文部科学省「学校における携帯電話の取扱い等に関する調査について（概要）」（2020年5月27日）より。

今後、これまで持ち込みを認めていなかった学校や地域で、保護者から「スマホ・携帯電話を持たせたい」という要望が多く出されるようになることが考えられます。学校では、子どもたちが持ち込むようになったスマホ・携帯電話への対応を求められることでしょう。

　そもそも、保護者が通学途中の緊急時の連絡のためにスマホ・携帯電話を持たせたいと要望した場合に、学校がこれを拒むのは難しいと考えられます。子どもたちの通学途中の災害や犯罪被害について、学校が完全に安全を保障することは不可能です。スマホ・携帯電話によってどれだけ安全が確保できるかは不明ですが、保護者が持たせることを希望した場合にそれを否定する論理を見つけることは難しいでしょう。

　学校は、子どもがスマホ・携帯電話を持ち込むことの抑制はできても、拒むことはできないと考える必要があります。

＃ 学校は保護者にスマホ指導を依頼できるか

　それでは、学校は子どもたちの私的なインターネット利用について、どれだけのことをしなければならないのでしょうか。

　第一に、**情報モラル教育**を通して、子どもたちのインターネット利用能力を向上させなければなりません。情報モラル教育は学習指導要領に位置付けられているものですし、青少年インターネット環境整備法でも学校教育においてインターネット利用能力を高めることが求められています。

　第二に、**ネットいじめに対応**しなければなりません。ネットいじめは基本的に学校外で生じるものではありますが、2013年に施行されたいじめ防止対策推進法では、ネットいじめも学校が対応すべきものと明記されています。学校では、ネットいじめ予防のための教育を行い（これは情報モラル教育と重なると考えられます）、ネットいじめが発生した場合には、たとえそれが学校外の私生活の中で起こったいじめであっても、対応をしなければなりません。

　そして第三に、校内へのスマホ・携帯電話持ち込みに適切に対応することが求められます。これには、以下のようなことが必要となるでしょう。

○保護者が持ち込みを希望する際の手続きの策定。
○児童生徒が端末を持ち込んだ際の学校内での扱い（校内での使用や盗難等を防止するために、朝、学級担任が預かって帰りに返す等）。
○ルール違反があった場合の対応の確認（いったん端末を学校で預かり、保護者に来校してもらって事情を確認の上で返却する等）。
○登下校中の利用マナーについての注意喚起（歩きスマホをしない等）。

　私的なインターネット利用について、学校がここまで手間をかけなければならないのかと思われるかもしれません。たしかに、こうした取り組みを進めるのは大変です。私生活に関することにまで学校がこのように負担を強いられてしまうのでは、教員の勤務時間がどれだけあっても足りなくなりそうです。
　では、こうした一連のスマホに関する指導を学校が行わずに、保護者の責任で行ってもらうということは可能でしょうか。
　もちろん、そのような制度設計が考えられてよいと思われます。すなわち、次のようにするのです。

○学校で行う情報モラル教育は、あくまでも学校での学習に必要な範囲についてのみ行う。私的なインターネット利用に必要な教育は家庭の責任において実施するものとする（たとえば、スマホを子どもが持つ際には講習を受けることを義務付ける）。
○私的なインターネット利用に関わる児童生徒間のトラブルは、学校が対応する「いじめ」とはしない。そうしたトラブルについては、学校外の相談機関に相談して解決を図るものとする。

○緊急連絡用にスマホ・携帯電話を持たせたい場合のために、学校の出入口付近にスマホ・携帯電話保管用ロッカーを設置し、児童生徒は自らの責任で学校滞在中はスマホ・携帯電話をロッカーに入れておくこととする。保管のための費用は、利用を希望する保護者が負担する。

　現状で学校がこうしたことを考えても、学習指導要領、いじめ防止対策推進法、持ち込みに関する文部科学省の通知といったものに反することになるので、実行するわけにはいきません。しかし、私的なインターネット利用に関して学校に負担を押し付けてよいのかという議論は、もっとなされてよいと思われます。

　他方、私的な部分を含め、インターネット利用は子どもの権利だと考えれば、子どもの教育を担う学校が指導に一定の負担を担うことは必要だと考えられるかもしれません。インターネットを利用することを前提に子どもたちを受け入れ、子どもたちが適切にインターネットを利用できるよう教育することは、学校の使命の一つだと考えることができます。これからの学校には、こうした覚悟が求められると考える必要がありそうです。教員の負担軽減は必要ですが、そのことは別途考えるべきです。

　私的なインターネット利用について、学校が一定の指導を担うべきだとしても、家庭には家庭の役割が求められるはずです。学校としては、以下のようなことを求めたくなるでしょう。

○私的なインターネット利用によって、生活習慣が乱れるようなことがないよう、**利用時間**等について必要な指導を行うこと。
○私的なインターネット利用によって、子どもがトラブルに遭わないよう、保護者も**子どもが陥りがちなトラブルについて知り**、家庭において必要な指導を行うこと。
○私的なインターネット利用においてトラブルが生じた場合には、ス

クリーンショット等によって**証拠を確保**し、学校と連携の上で**解決にあたること**。

○学校へのスマホ・携帯電話持ち込みについては、その必要性を慎重に判断し、持ち込みを希望する場合には**通学時等のスマホ・携帯電話の使い方**について、家庭でも適切に指導を行うこと。

　学校が子どもたちの私的なインターネット利用に関する指導をある程度担う以上、保護者にこうしたことを依頼するのは筋が通っているように思われます。実際に依頼しても、大半の保護者が喜んで協力してくれることでしょう。このように、保護者に依頼したいことを学校が明示し、保護者に協力を求めることは、必要なことです。

　ただし、保護者の協力については、常に難しい部分が残ります。保護者に協力を求めたとしても、必ずしもすべての保護者に学校からの依頼がうまく伝わるわけではありません。なかなか保護者会に来てくれない、学校で配布する文書もあまり読んでくれない、そして学校がお願いしたことをなかなかやってくれない保護者もいることでしょう。保護者の協力を得られるようにする努力は必要ですが、全員の協力が得られることを前提にするわけにはいきません。しかし学校では、**あまり協力的でない保護者を持つ子どもに対しても**、トラブルに巻き込まれないように指導しなければなりません。

　青少年インターネット環境整備法は、保護者に対して、子どものインターネット利用を適切に管理する責務があることを定めています。しかし、学校としては、保護者がそうした責務を果たさない場合があることを想定して、子どものインターネット利用に関わるさまざまな取り組みをしていかなければならないということになります。

§2　スマホ・SNS とともにある子どもの生活とは

2

スマホ・SNS とともにある子どもの生活とは

＃ 進む長時間利用

　青少年のスマホ利用に関する問題で、最も多くの者に関連するのは、**長時間利用**の問題です。

　スマホの普及とともに、子どもたちのインターネット利用時間は増加を続けています。5年ほどの間に、平日の平均インターネット利用時間は、小学生で5割以上、中学生及び高校生でそれぞれ3割以上増加しています（図2）。

　青少年のネット利用で主要に使われるのは、スマホです。スマホは、連絡にも趣味・娯楽にも学習にも利用されます。こうした中で、長時間利用に直結するのは、図3にあるように、趣味・娯楽に関する利用です。

　趣味・娯楽としての長時間利用につながりやすいと考えられるのが、SNS、動画視聴、ゲームの三つです。これらは、その性質から、

図2　青少年のインターネット利用時間

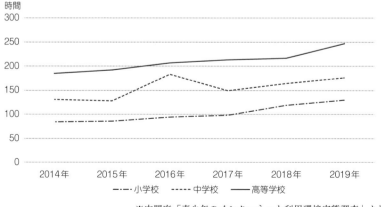

※内閣府「青少年のインターネット利用環境実態調査」より。

図3　目的ごとの青少年のインターネット利用時間

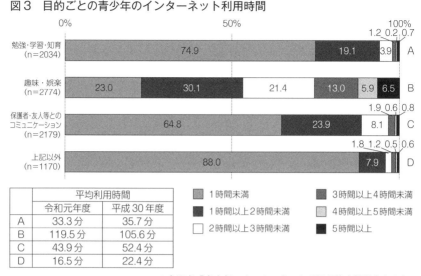

※内閣府「青少年のインターネット利用環境実態調査」より。

多くの人にとって長時間利用につながりやすいものと言えます。

　具体的に見ていきましょう。

　まず、SNSについて。多くの青少年が複数のSNSアカウントを併用しています。LINEで身近な人たちと連絡を取り合い、Twitterでは複数アカウントを使い分けて情報の閲覧や発信を行い、Instagramで気になる人の発信を見たり自らも発信したりします。TikTokで動画を見て楽しみ、人によっては動画を投稿したりもします。他にも、学生専用のSNSに書き込んだりもしています。このように多くのSNSをチェックして、自らも発信したりすれば、時間がいくらあっても足りません。

　次に、動画視聴について。やはりYouTubeが人気で、YouTuberと呼ばれる人たちの動画を好んで見る人が多いほか、芸能人の動画、違法アップロードを含めたアニメやテレビドラマ等の動画、ミュージックビデオ等、いくつか見始めると際限なく見られます。また、NetflixやHuluなどのサブスクリプションサービス（定額制サービ

ス）に加入すれば、自分が好きなジャンルの動画をいくらでも見ることができます。

　そして、**ゲーム**について。単純なパズルゲームで時間をつぶしている人もいますが、オンラインゲームを長時間プレイしている人も多くいます。モンスターストライク（モンスト）、パズル＆ドラゴンズ（パズドラ）といった定番のRPG（ロール・プレイング・ゲーム）や、戦闘・生き残りゲームの荒野行動など、人気のゲームが多くあります。こうしたゲームには終わりがなくいつまでも続くものがあります。また、他のプレイヤーとの関わりが生まれ、何度も繰り返しプレイしたくなるものがあります。基本的に無料で楽しめますが、課金すればさらに楽しめます。貴重なアイテムがもらいやすくなるイベントが開催されたりして、飽きずに継続的に楽しめます。

　スマホなどの機器を持っている子どもは、いつでも手頃な娯楽に接することができる状況にあります。こうした状況にあって、娯楽に時間を使わないということは容易ではありません。スマホの普及とともに、インターネット利用時間が長くなっているのは、当然のことと言えます。

＃　単なる熱中と依存との違い

　では、こうした娯楽の時間が長いことは、子どもたちの生活の質を豊かにしていると言えるでしょうか。多くの場合、そうは考えにくいように思われます。

　子どもの時間が生活の質を豊かにするか否かについて、一つの基準で決めることはできません。以下のようにいくつかの基準で考えるとよいのではないでしょうか。

○本人がその時間を楽しいと思えるか否か（楽しさ）。
○本人の心身の健康に、短期的／長期的にプラスあるいはマイナスの
　効果があるか否か（健康）。

○その時間で多くの／深い学習が行われているか否か（学習）。
○その時間で他の人との間に良好な関係が築かれているか否か（人間関係）。

　たとえば、食事や睡眠は主に健康面で生活の質を豊かにするものであり、食事は場合によっては一緒に食べる人との人間関係に関わるかもしれません。本を読んだり何かを調べたりすることは、主に学習面で生活を豊かにするものと言えるでしょう。

　では、娯楽はどうでしょうか。娯楽はもちろん、楽しさの面で生活の質を豊かにするものと言えます。そして、それだけでなく、適度なリラックスをすることは、ストレス解消につながり、健康面でも生活の質を豊かにするものとなる可能性があります。また、歴史に関するロール・プレイング・ゲームで歴史のことを知るというように、娯楽が何らかの学習につながるということもありえます。また、他の人と一緒にプレイするようなゲーム等では、人間関係の面でも生活の質を豊かにするでしょう。

　このように、娯楽は、さまざまな面で生活の質を豊かにする可能性があります。特に、子どもの時期には、遊びを通して多くのことを学び、人間関係を形成するということがあり、娯楽としての遊びの価値は一般に非常に高いと言えます。

　しかし、娯楽が生活の質を豊かにするのには、重要な条件があるように思われます。それは、**娯楽が惰性になっていない**ということです。

　娯楽が楽しいと言っても、同じことを続けているだけでは、飽きてしまうことがあります。飽きてしまったら、楽しさはあまり感じられなくなるでしょう。長時間娯楽を続けることで疲労が蓄積されてしまうと、心身の健康も損なわれやすくなります。同じことを続けるだけでは、学習もあまりなされないでしょう。もしかしたら、人間関係も悪化しやすくなるかもしれません。経済学で言う「**限界効用逓減の法**

則」(消費量が増えると、追加分から得られる効用が小さくなる)が、娯楽から得られる効用(メリット)にも当てはまると言えます。

メリットが小さくなるだけではありません。娯楽を惰性で続けることの最大の問題は、他のことをする時間が犠牲になるということです。1日は24時間と決まっています。娯楽に時間を使えば、その分、他のことをする時間が削られます。娯楽の時間が長くなれば、睡眠、学習、運動、家族や友人とのコミュニケーション等の時間が減ることになります。長時間の娯楽には、経済学で言う「**機会費用**」(その時間に別のことをしていれば得られたはずのものの価値)が多く発生すると言えます。つまり、娯楽自体にたとえ問題がないとしても、機会費用を含めて考えると、惰性で娯楽を続けることにはデメリットが大きいということになります。

何事にも、「ほどほど」ということがあります。ほどほどの時間の娯楽であれば生活の質を豊かにしてくれる可能性が高いのですが、長時間になればなるほど惰性に陥る可能性が高くなり、生活の質を悪化させる可能性が高くなるのです。

以上、いろいろと検討してきましたが、結論としては、娯楽目的のインターネット利用が長時間になっている場合には、要注意ということです。SNSにしても動画視聴にしてもゲームにしても、一区切りついてもまた続けたくなる面があります。この結果、短時間でやめづらく、惰性で長時間続けてしまうことになりがちです。

ここまで述べてきたことは、「依存」の問題につながります。「依存」とは、何かがなかなかやめられない状態のことです。インターネット関連では、「ネット依存」「スマホ依存」「ゲーム依存」といったことが言われます。他にも、「アルコール依存」「薬物依存」「ギャンブル依存」等があります。

なお、一般に「依存」と言われるものは専門的には「嗜癖」(しへき、addiction)と言い、アルコール依存や薬物依存のように物質の摂取がやめられない「物質嗜癖」と、ギャンブル依存や買い物依存の

ように特定の行為がやめられない「行動嗜癖」とに分けられます。ネット依存、スマホ依存、ゲーム依存といったものは、行動嗜癖ということになります。

　行動嗜癖の中では、これまでギャンブル依存については対策が進められてきています。2018年にギャンブル等依存症対策基本法という法律が制定され、国はギャンブル等依存症対策推進本部を設置して、関連する施策を進めています。ギャンブル等依存症対策基本法では、「ギャンブル等依存症」が次のように定義されています。

　　ギャンブル等（法律の定めるところにより行われる公営競技、ぱちんこ屋に係る遊技その他の射幸行為をいう（以下略）。）にのめり込むことにより日常生活又は社会生活に支障が生じている状態をいう。

　すなわち、競馬・競輪・競艇・オートレースやパチンコ・パチスロといったものにのめり込むことによって、日常生活あるいは社会生活に支障が生じている状態がギャンブル依存だというわけです。

　ネット依存等も、これになぞらえて考えることができます。すなわち、インターネット利用（スマホ利用、ゲーム利用）にのめり込み、日常生活あるいは社会生活に支障が生じている状態をネット依存（スマホ依存、ゲーム依存）と考えるとわかりやすいでしょう。要は、単に熱中しているだけでなく、のめり込んでしまって社会生活に支障が生じている状態が依存なのです。

　2019年、WHO（世界保健機関）は、「**ゲーム障害**」を正式に疾病として認定しました。これはゲームをすることについてコントロールができず、ゲームが他の活動より優先され、マイナスの結果が生じていてもゲームを続けてしまう状態を指します。ゲーム依存が国際的に正式な病気として認められたのです。WHOが病気として認定した具体的な行動嗜癖としては、「ギャンブル障害」に続いて「ゲーム障

害」が二つめということになります。

　今のところ、ネット依存やスマホ依存は WHO が認めている病気ではありません。しかし、ゲームに限らずインターネット利用への依存は問題となっており、日本では国立病院機構久里浜医療センターにネット依存の専門外来があるほか、専門的な治療を行う病院が増えています。

　日常生活や社会生活に支障があるほどの依存となれば、治療には時間がかかりますし、周囲の人の支えも必要です。

　ネット依存等は基本的に家庭での生活において問題になるものですが、子どもの心身の健康や学習への影響があることをふまえ、学校においても保護者と連携して対応にあたる必要が生じます。

＃ 依存が先か生活上の問題が先か

　ネット依存（あるいはスマホ依存、ゲーム依存）の傾向が見られるようになると、就寝時刻が遅くなり、睡眠不足になったり、昼夜逆転して学校に行けなくなったりします。こうした状況を見ると、依存のせいで生活が乱れ、日常生活や社会生活に支障が生じているように思われるかもしれません。もちろん、ネット依存等が原因になって日常生活や社会生活に支障が生じるということは十分に考えられます。「依存→生活上の問題」という因果関係が考えられるわけです。

　他方、逆の因果関係は考えられないでしょうか。「生活上の問題→依存」という因果関係です。学校での人間関係に悩んでいたり、家庭で保護者とうまくいっていなかったりといった問題があると、現実逃避してネット動画やゲームに長時間没頭したくなるかもしれません。そうなれば、ネット等への依存はあくまでも結果であって、原因は生活の中で何らかの支障が生じていることだと言えます。

　依存と生活上の問題とについて、どちらが原因でどちらが結果というように、一方向の関係だと決めつけることには慎重であるべきです。依存から生活上の問題につながる方向と、生活上の問題から依存

につながる方向との両方があると考える必要があります。

　小中学生でネット等に依存している人の中には、次のように生活上の問題を抱えている人が見られます。

○いじめなど学校での人間関係に悩んでおり、ストレスを抱えている。
○親から強く叱られる等、親子関係でストレスを抱えている。
○受験が近づいているのに、勉強がはかどらない。
○人とのコミュニケーションが苦手で、一人でネットやゲームに向かっている方が安心できる。

　こうした問題とネット等への依存等とが複雑に絡み合って、どんどん悪い状況に陥っていくことが考えられます。たとえば、次のような因果関係が考えられます。

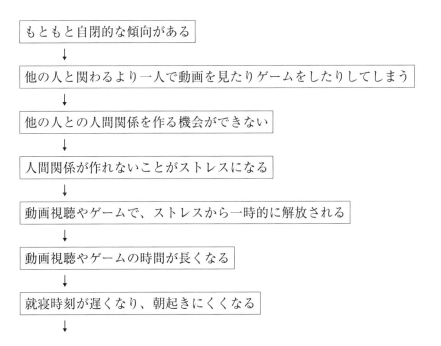

| もともと自閉的な傾向がある |
↓
| 他の人と関わるより一人で動画を見たりゲームをしたりしてしまう |
↓
| 他の人との人間関係を作る機会ができない |
↓
| 人間関係が作れないことがストレスになる |
↓
| 動画視聴やゲームで、ストレスから一時的に解放される |
↓
| 動画視聴やゲームの時間が長くなる |
↓
| 就寝時刻が遅くなり、朝起きにくくなる |
↓

学校の問題と向き合うことを避け、動画視聴やゲームで時間をつぶす

↓

学校を遅刻したり欠席したりするようになる

↓

:

　子どもたちは日々の生活の中で、さまざまな問題を抱えている可能性があります。学校での人間関係では他の人に気をつかうことが求められ、うまくいかないといじめのターゲットになるかもしれません。教科の学習では常に評価されており、成績を上げなければならないというプレッシャーにさらされています。家族との関係でも、暴力・暴言を受けたり、小言や嫌味を言われたりすることがあるかもしれません。容姿、体型、能力等で劣等感を抱いていることもあるでしょう。発達障害の傾向があったり、抑うつ傾向があったりして、悩んでいることもあるかもしれません。

　子どもたちが成長する中で、こうした問題と少しずつ向き合い、自分の特性を受け入れていくことができれば、それが望ましいと言えます。しかし、問題と十分に向き合うことができず、ネット利用等でとりあえずのストレス解消をするばかりになると、問題は解決せず、ネット利用等を続けていくしかなくなっていく可能性があります。

　もちろん、こうした問題と特段関係なく、ついついネット利用等が長くなり、依存的になってしまうということもありえます。しかし、依存的になった結果、朝起きられないなど生活上の問題が生じてしまえば、学校生活や家庭生活がうまくいかなくなり、そうした問題と向き合うことを避けてますますネット利用等の時間が長くなる可能性があります。

　ネット依存等の問題が見られる際に、ネット利用時間を把握し、ネット利用時間を抑制することは必要です。しかし、**問題をネット利用のみに絞って考えることは得策ではありません**。生活上の問題が関わ

っている可能性がありますので、総合的に状況を捉え、生活上の問題の解決をも視野に入れて対応する必要があります。

このような対応は、家庭だけでは難しい場合があります。学校としては、ネット依存等の傾向が見られる児童生徒について、本人や保護者とも相談し、生活上の問題も含めて解決を図っていく必要があります。このためにも、学校内で、学級担任、学年主任、生徒指導主事、教育相談主任、養護教諭、スクールカウンセラー等が日頃から情報交換を行い、児童生徒の状況を多角的に把握し、対応を協議できるようにしておく必要があります。

＃「スマホでの学習」是か非か

青少年のインターネット利用では趣味・娯楽目的の利用時間が多いのですが、学習での利用も目立ってきています。学校においてもコンピュータ室が設けられてから久しく、このところプログラミング教育が小学校に導入されたり、第7章で述べるように「GIGA スクール構想」として小中学校で1人1台の情報端末の導入が進められたりと、コンピュータを活用した学習が進められつつあります。

では、学校外での利用はどうでしょうか。

1990年代から、パソコン用の学習ソフトはありましたし、2000年代には、ペン入力を活かしたニンテンドー DS 用の学習ソフトが注目されることがありました。2010年以降はタブレット端末が普及し、タブレット端末用の学習ソフトが広く使われるようになってきています。ベネッセコーポレーションやジャストシステム等の通信教育のプログラムでは、タブレット端末を活用したコースが設けられ、広く利用されているようです。これまでの経緯を振り返って見ると、ペンやタッチパネルといった子どもでも直感的に使いやすい端末やソフトが通信教育等で広く使われるという流れがありました。

最近では、AI（人工知能）を使った学習ソフトもあります。たとえば、株式会社 COMPASS が開発した Qubena（キュビナ）というソ

フトは、小学校算数と中学校数学の学習ソフトで、個々の学習者がタブレット端末に記入した回答をもとに、AIがその人に合った問題を次々と出していくものです。大変効率よく学習が進められるもので、学校の授業1年分の学習範囲を32時間で終わらせられるとされています。

そして、スマホの普及とともに、**スマホ対応の学習サービス**が多く使われるようになっています。象徴的なサービスが、リクルートマーケティンズパートナーズが運営する「スタディサプリ」です。このサービスは当初は「受験サプリ」という名称で、大学受験向けの予備校講師の講義動画を月額980円見放題という形で提供するものでした。その後、「スタディサプリ」に名称が変更され、コーチング機能のついた月額9,800円のコースが設けられたり、小学生向け、中学生向けのコースや社会人向け英語コースが設けられたりと、サービスが拡充されています。安価にスマホで有名講師の講義動画が見られる「スタディサプリ」は、どこにいても経済的にどのような状況でも一定の内容を学ぶことを可能にしました。

さらに、無料のものもあります。近年、「**教育系 YouTuber**」と言われる人たちが一定の内容を教える講義の動画を YouTube にアップロードし、人気を集めるということが増えています。教育系 YouTuber には一般向けや社会人向けの動画を提供している人もいますが、数学、英語、物理、化学といった中高生向けの動画を提供している人もいます。

また、**スマホ用の学習アプリ**もさまざまあります。小学生向けの漢字、計算、英語等のアプリ、中高生向けの英語、数学、理科、地理、歴史等のアプリと、さまざまなアプリがあり、無料でもかなり使えます。特に、単純な暗記や計算練習であれば、アプリで効率よく学習を進めることができるようになっています。

さらに、**ネットを中心に学ぶ通信制の高校**も注目を集めています。角川書店とドワンゴによる通信制高校であるN高等学校やS高等学

校は、スマホやパソコンを活用して必修授業や課外授業を提供しています。効率よく必修授業を学んだ上で、自らの興味関心に合わせて課外授業に取り組めることが特徴で、プログラミングやWebデザイン、動画編集等、オンラインで学べる課外授業が充実しています。

　N高等学校やS高等学校は学校教育法第1条で定められている学校（いわゆる「一条校」）としての高等学校ですが、これらと同じ法人が設置している「N中等部」や堀江貴文氏が設立したサポート校「ゼロ高等学院」等、一条校となっていないネット中心の教育機関も注目されています。

　以上のように、スマホやタブレット端末の普及を背景に、スマホ等を活用した教育・学習の方法が多様に提供されています。こうした状況を見ると、学校の教室における教師による一斉授業は、決して唯一絶対の教育方法ではないということがわかります。

　今後、スマホ等で効率よくできる学習については、教室での一斉授業でなくスマホ等を活用した学習が中心となっていくでしょう。暗記や単純なトレーニングであれば、楽しく設計されたアプリで学ぶことが合理的です。教師の話を一方的に聞いているだけの学習であれば、わかりやすく作られた動画を、早見をしたり一時停止をしたり見直したりしながら自分のペースで見ることが効率的でしょう。

　もちろん、こうした方向での変化には、懸念もあります。

　まず、長時間小さい画面を見ていることによる、**視力低下**等の問題が考えられます。多くの青少年が学習以外の目的で長時間スマホ等を使っていることを考えれば、学習でのスマホ等利用による影響は小さいと考えられるかもしれません。しかし、学習によるスマホ利用が加われば、それだけ健康への影響はこれまで以上に大きくなるでしょうし、受験生など特に長時間の学習をする人への影響は深刻になりえます。今後はこれまで以上に目のケアが重要になるはずです。以前訪問した中国の中学校では毎日決まった時間に生徒たちが目のマッサージをする時間がありました。このように、目のマッサージを日常的に行

うようにする等の対策が検討されるべきでしょう。

　また、**学習に関する格差**が拡大し、スマホ等の学習をうまく活用できない人がどんどん取り残されていく可能性があります。スマホ等による学習は、基本的に学習者側が自分で探すものです。よいものを積極的に探せばどんどん学習が進むでしょうが、探すのに消極的だと何も進みません。情報感度が高く保護者の理解もある人は効率よく学習を進められ、情報感度が低かったりスマホ等の学習に保護者の理解がなかったりする人はスマホ等の学習の恩恵を受けられません。新たなデジタル・ディバイド（デジタル技術に関する格差）が生じる恐れがあります。

　そして、**スマホ等に向いている学習ばかりが進み、そうでない学習はなかなか進まなくなる可能性**があります。文部科学省は「主体的・対話的で深い学び」を求めていますが、スマホ等に最適なのは、受動的で、個人的で、単純な学びです。アプリや動画が提供する学習内容を受け止め、特段他の学習者との関わりはなく、一定の解き方で一定の答えを出せるようにするような学習は、スマホ等で取り組みやすいものです。しかし、自ら課題を設定したり、他の学習者と協働したり、物事を多面的に捉えたりするような「主体的・対話的で深い学び」は、スマホ等のみによって容易に実現するものではありません。

　以上のように、スマホ等を活用した学習には大きな可能性があるものの、活用の方法は工夫される必要があります。

　教育・学習の近未来像としては、次のようなことが考えられます。

　教科の基本的な内容については、子どもの年齢に合った楽しい学習プログラムがスマホやタブレット端末等向けに提供されるようになり、子どもたちは学校ででも家庭ででも自分のペースでそうした学習に取り組みます。一人ひとりがバラバラに学ぶだけでなく、オンラインゲームのように他の学習者と協力したり競ったりしながら学ぶ部分があってもよいでしょう。長時間の連続利用で目などの身体に過度な負担を生じさせないよう、休憩をとって簡単な運動をすることも、プ

ログラムの中に組み込まれるかもしれません。

　フレックスタイム制のように、子どもたちの登校・下校時刻は家庭や個人の希望で決められ、全員が揃うのは限られたコアタイムだけになります（場合によってはコアタイムにもオンラインでの参加が可能となります）。コアタイムには、討論・話し合いや協働作業など、集団ならではの学習活動が行われることとなります。

　コアタイム以外の時間は、子どもたちが個別に学習を進めたり、少人数でコアタイムの学習に向けた準備をしたり、教員が個々の子どもとの相談をしたりする時間となります。個々の子どもの関心に応じて、他の学級や学年の子どもと意見交換をしたり、外部の人にインタビューをしたりといったことも行われるでしょう。個々の子どもの活動の記録は電子的に保存され、関係する教員がカルテを扱うように記録を読み、記録に必要事項を記入していくことになります。

　こんなふうに、学校は、教員がコーチ役となりながら、スマホ等の技術を活用し、個々の子どもが自分に最適化された学習を効率よく進めつつ、他の人たちと関わる活動にじっくり取り組めるような場を子どもたちに提供するものになっていくものと思われます。しかし、こうした変化にはそれなりに時間がかかることでしょう。当面は、こうした将来像を思い浮かべつつ、スマホ等による学習の特性をよく理解した上で、必要に応じて個々の学習者がスマホ等をうまく活用していくしかないようです。

＃ スクリーンタイムやアラームで時間を意識する

　以上見てきたように、スマホの普及とともに、子どもたちを含めた私たちの生活は大きく変化しています。この変化を端的に言えば、私たちが、いつでもどこでも、時間や距離を超えてさまざまな情報にアクセス可能になっているということです。

　携帯電話や携帯型ゲーム機が一般に普及したのは1990年代、携帯電話でのインターネット利用が普及したのは2000年頃でした。これ

以前にも、子どもがテレビを長時間視聴したり、家庭用ゲーム機で長時間遊んでいたりすることは問題となっていました。しかし、テレビも家庭用ゲーム機も基本的に家にいなければ利用できないものでしたので、外出時は利用できませんし、家族との関係で無制限に利用できない場合が多く、子どもたちがテレビやゲーム機を利用できない時間もそれなりにありました。

　しかし、携帯電話や携帯型ゲーム機が普及し、その後スマホが普及した現在、子どもたちはその気になれば、外出中も自宅での生活中も、自分専用の端末をいくらでも使うことができます。トイレや風呂場やベッドにも、スマホを持ち込むことができてしまいます。子どものうちは保護者から使いすぎないよう指導がなされるかもしれませんが、大人になれば誰もスマホ利用を止めてくれません。

　携帯電話等がなかった頃は、通勤・通学や家族との生活等において半ば強制的に時間が区切られ、特に自分で意識しなくても、テレビやゲーム機から離れる時間ができていました。趣味に没頭する時間や、何もすることがなくてぼんやり考える時間が、たとえ望んでいなくてもできていたわけです。

　スマホ等が普及している現在、人は**自ら意識して時間を区切る必要**があります。特に意識しないで目の前のことに時間を使っていると、SNS、動画、ゲーム等でいつのまにか時間が過ぎてしまい、他のことに使う時間が削られてしまいます。

　時間を上手に使えるかどうかには、かなり個人差があるようです。特に意識しなくても、適切なタイミングでやるべきことに取り組める人がいます。他方、目の前のやりたいことに関心が向いてしまい、やるべきことをいつも後回ししてしまう人がいます。後者の場合、スマホ等があると常にSNS、動画、ゲーム等が目の前の誘惑として機能してしまい、早く寝る、風呂に入る、勉強するといった他のことがなかなか始められなくなります。

　子どものスマホ等の利用においては、当然、**ルール**が必要です。家

族で話し合って、ルールを決め、必要に応じて見直す等していくとよいでしょう。生活時間を乱さないためには、たとえば次のようなルールを作ることが考えられます。

○学習目的以外でのスマホ等の利用時間を、一定時間以下にする（平日で1時間から2時間程度が基本と考えられます）。
○スマホ等の利用時間帯を、一定時刻までにする（たとえば22時まで）。
○夜間の学習目的以外でのスマホ等の利用は、食事、入浴、宿題等が終わってからにする。

　しかし、ルールを決めてもなかなか守られない場合があります。特に、目の前のやりたいことに関心が強く向いてしまう子どもの場合、家族が強く言ってもなかなかスマホ等の利用をやめず、ルールがなしくずしに破られ続けることになりかねません。保護者としては、毎日繰り返し注意をしていて、イライラしてしまうことも多くなるでしょう。

　時間がなかなか守れないだけでなく、保護者がイライラし続けてしまうというのは、まずい状態です。本来、子ども本人が自分で時間をコントロールすることが必要なので、保護者がイライラすることにあまり意味はありません。できる限り、保護者がルールを守らせるというやり方を避ける必要があります。

　そのためにも、スマホ等の機能をうまく活用するとよいでしょう。

　まず活用を考えたいのが、iPhoneやiPadの標準機能である「**スクリーンタイム**」の活用です。スクリーンタイムを使うと、次のことができます。

○アプリごとの利用時間を表示する。
○iPhoneやiPadを持ち上げた回数やアプリからの通知の数を表示す

る。
○アプリごとに1日の使用時間を制限する。
○アプリの種類（カテゴリ）別に使用時間を制限する。
○アプリごとの通知の方法を変更する。
○アプリを使用できない時間を設定する。
○通話する相手ごとに通話ができない時間を設定する。

　保護者も iPhone、iPad 等を使用していれば、子どものスクリーンタイムの設定を保護者が管理し、子どもが勝手に変更できないようにもできます。

　たとえば、まずはスマホ等の使用時間を確認し、どのような点が心配かを話し合い、使いすぎを防ぐためにどのような制限を行うかを決め、実際に制限をかけてみるとよいでしょう。限られた時間の中でスマホ等を使うという意識を子どもが持ちやすくなると考えられます。iPhone 以外のスマホにも、同様の機能が設けられている場合があります。

　このように本格的なものでなくても、どんなスマホにもついている**アラーム機能**（あるいはタイマー機能）を活用することも可能です。スマホ等の使用を止める時間を決めてアラームをかけたり、集中して勉強等を行う時間を決めてタイマーをかけたりして、アラームやタイマーをかけることやアラームやタイマーの通知があったらともかく一度作業を止めること等を習慣づけると、時間が区切りやすくなります。

　スマホを持つことは、自分で時間を区切らなければならないことと考えられる必要があります。なかなか自分で時間を区切れない人も、自ら時間を意識し、自分で時間を区切ることを習慣づけていく必要があります。そのためには、スクリーンタイムやアラームのようなスマホの機能を活用するのも一つの方法です。

§3 SNS時代のいじめ対応

SNS時代のいじめ対応

＃ 進む「いじめ」認知の中で

　中高生などにスマホが本格的に普及した2013年、**いじめ防止対策推進法**という法律ができ、学校のいじめへの対応は大きく変わりました。この法律では、「いじめ」を次のように定義しています。

　　この法律において「いじめ」とは、児童等に対して、当該児童等が在籍する学校に在籍している等当該児童等と一定の人的関係にある他の児童等が行う心理的又は物理的な影響を与える行為（インターネットを通じて行われるものを含む。）であって、当該行為の対象となった児童等が心身の苦痛を感じているものをいう。（第2条第1項）

この定義には、以下の四つの要素が入っています。

①行為をした人もされた人も学校の児童生徒であること。
②両者の間に一定の関係があること。
③その行為が、行為をされた人に影響を与えたこと。
④その行為によって、**行為をされた人が苦痛を感じていること。**

　この定義は非常に広いものです。次のようなものも、この定義に合うことになります。

○教室で児童Aが突然大声を上げたら、児童Bがびっくりして泣き出した。
○休み時間にドッヂボールをしていて、児童Cが投げたボールが児

童Dに当たって児童Dがひどく痛がった。
○生徒Eが生徒Fに交際を申し込んだが、生徒Fが断ったため生徒
　Eがひどく落ち込んだ。

　また、生徒Gが生徒Hを叩こうとしたところ、生徒Hが生徒Gの
手を払いのけて生徒Gが痛い思いをしたら、生徒Hの行為も「いじ
め」の定義に合うことになってしまいます。
　極端な例ばかり挙げているように見えるかもしれませんが、文部科
学省も次のような例を挙げています（文部科学省「いじめの認知につ
いて」より、一部修正）。

○AさんはBさんに「もっと友達と積極的に話した方がいいよ。」と
　助言をしたつもりだったが、対人関係に悩んでいたBさんは、そ
　の言葉で深く傷ついた。
○入学試験が近いにも関わらず、ゲームばかりをしているAさんにB
　さんは、こんなことでは希望している高等学校に合格できないとゲー
　ムを止めるよう繰り返し注意をした。Aさんは、何度も同じこと
　を言われ苦痛になっている。

　もちろん、上記のように児童生徒が苦痛を受けている事態を教職員
が把握し、組織的に共有した上で必要に応じて指導することは重要で
す。ただ、「いじめ」というラベル付けは強烈です。児童生徒に「い
じめ」という言葉を使って指導する必要はないのですが、校内におい
ても「いじめ」というラベル付けをして対応することには無理があり
ます。本来、児童生徒が他の児童生徒の行為によって苦痛を覚えた状
態の把握と「いじめ」としての対応とは区別されるべきでしょう。
　こうした「いじめ」の定義の問題はありますが、学校においていじ
め防止対策推進法の言う「いじめ」にあたる事態を積極的に把握しよ
うとする動きは進んでいます。2019年度のいじめ認知件数は60万件

図4　いじめの認知（発生）件数の推移

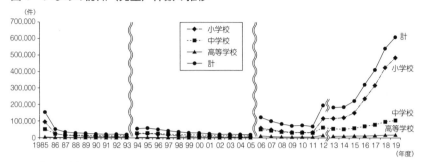

※文部科学省「令和元年度児童生徒の問題行動・不登校等生徒指導上の諸課題に関する調査」より。

表2　いじめを認知していない学校の数と割合

区　分		学校総数	認知していない学校数	比率（%）
小 学 校	国　立	72	1	1.4
	公　立	19,523	1,982	10.2
	私　立	237	113	47.7
	計	19,832	2,096	10.6
中 学 校	国　立	77	6	7.8
	公　立	9,494	976	10.3
	私　立	799	324	40.6
	計	10,370	1,306	12.6
高 等 学 校	国　立	19	6	31.6
	公　立	4,108	1,241	30.2
	私　立	1,538	767	49.9
	計	5,665	2,014	35.6
特別支援学校	国　立	45	23	51.1
	公　立	1,085	587	54.1
	私　立	14	12	85.7
	計	1,144	622	54.4
計	国　立	213	36	16.9
	公　立	34,210	4,786	14.0
	私　立	2,588	1,216	47.0
	計	37,011	6,038	16.3

※文部科学省「令和元年度児童生徒の問題行動・不登校等生徒指導上の諸課題に関する調査」より。

を超え、数年で認知件数が数倍に増えています（**図4**）。それでも1割以上の学校が年間いじめ認知件数ゼロなので（**表2**）、定義に従っ

図5 いじめ認知件数に占めるネットいじめ（パソコンや携帯電話等で、誹謗・中傷や嫌なことをされる）の割合の推移

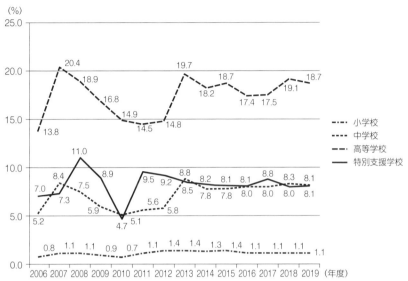

※文部科学省「児童生徒の問題行動・不登校等生徒指導上の諸課題に関する調査」より作成。

た認知を進める余地はまだまだあります。

　いじめ防止対策推進法ができ、学校におけるいじめの積極的認知などの対応が進む中で、いじめ問題の現状はどうなっているのでしょうか。

　いじめ認知件数は急増していますが、これは学校がいじめを積極的に認知しようとしていることを意味するものであって、いじめ問題が質的に深刻化しているとか、量的に増えているといったことを意味するものではありません。この他、統計で示されるデータは、いじめ問題の質的・量的な変化を直接示す指標とは言えません。**客観的にいじめ問題の傾向をつかむことはなかなか困難**です。

　しかし、文部科学省の調査から、ネットいじめの傾向を捉えることはある程度可能です。いじめ認知件数の中でネットいじめが占める割合の変化を見てみましょう。

図5にあるように、中学校、高等学校、特別支援学校のすべてにおいて、ネットいじめが占める比率の推移には共通の傾向が見られます。すなわち、2007（平成19）〜2008（平成20）年度にネットいじめの比率が一度ピークを迎えたあといったんネットいじめの比率は下がり、その後また2013（平成25）年度（特別支援学校は2011年度）より再びネットいじめの比率は高水準を占めるようになっています。いじめの認知件数全体は増加を続けているものの、2013年以降、ネットいじめの比率はほぼ一定です。

　2007年頃は、「プロフィールサイト」や「学校裏サイト」といった種類のサービスが主に携帯電話によって広く利用されるようになり、ネットいじめが社会的問題として注目された時期でした。その後、官民をあげてネットいじめ等への対策が進み、ネットいじめの比率もいったん低下しました。

　しかし、2013年頃にまたネットいじめの比率が上がります。2013年という年は、スマホ用通信アプリLINEが普及したことをはじめ、若い世代に人気のサービスが従来型の携帯電話からスマホに一斉に移行した年であり、中高生に本格的にスマホが普及した年です。**スマホの普及がネットいじめの比率の上昇につながったことがうかがわれます。**

　そして、その後もさまざまな対策がとられてきましたが、ネットいじめの比率は低下していません。多くのいじめが認知されている中でネットいじめの比率がほぼ一定ということは、いじめがあれば中学生で8%程度、高校生で18%前後はネットでのいじめが確認されるという傾向を示しているものと解されます。今や中高生の生活にネットでのコミュニケーションは一定の位置を占めており、いじめの問題が起こると一定の確率でネットも利用されていると考えられるのです。

＃ 逃れにくい「ダブルバインド型いじめ」

　では、一定の割合でネットいじめが起こる状況において、具体的に

はどのようないじめが問題になっているのでしょうか。

　2013 年にスマホが普及して以降、目立つのは LINE でのいじめです。スマホを利用している中高生の多くは、複数の LINE グループに参加し、日常的にコミュニケーションをしています。こうしたコミュニケーションの中で、誰かの悪口がその人がいないグループで出され、そのことが書かれた人に伝わって問題になるというケースが典型的です。

　また、スマホのカメラ機能を悪用したいじめも見られます。登下校中や放課後等に二人の生徒が一緒にいるところを盗撮して交際しているものとして拡散したり、猥褻な話をさせてその様子を動画で撮影して拡散したりといったいじめが報告されています。いじめというより犯罪ですが、下着姿にしたり裸にしたりして写真や動画を撮影するという事例や、殴る蹴るの暴行をしてその様子を撮影するという事例もあります。

　こうしたものに加えて注目が必要なのが、「ステメいじめ」です。

　「ステメ」とはステータスメッセージのことで、通信アプリ LINE 等で、今の自分の状態（ステータス）などを名前（アカウント名）の下などに表示する機能のことです。このステメに悪口を書くやり方が、ここ数年目立っています。「Yahoo! 知恵袋」のような相談サイトには、「LINE のステメに悪口を書いている人がいます」等、ステメいじめに関する相談が、多く掲載されています。友人間でトラブルがあった後などに、「あいつうざ」「ほんと無理」「死ね」などといった言葉が書かれているというものです。学級や部活動でリーダーになっている生徒に対する不満を書いていると考えられるものや、いじめられている者がいじめている者について反撃をしていると考えられるものもあります。こうした事例では基本的に、誰についてかは明示されていません。しかし、タイミングなどから、書かれている側が見ると、自分のことを書かれているとわかるようになっています。

　このように、**誰のことかが明示されていない悪口**を書かれると、書

かれた側は対応が難しくなります。何もしなければいじめを止められませんが、悪口を書かないでくれと言っても「おまえのことじゃない」「被害妄想では？」などと言われ、新たな被害が生じかねません。被害者は、何もしなくても被害を訴えても、苦痛が続いてしまうと考えられます。

　こうした状況は、精神医学等の研究者であるベイトソンが「ダブルバインド」と呼んだものに該当します（ベイトソン『精神の生態学』新思索社、参照）。わかりやすい例では、親が子どもに「おいで」と言いながら、表情や姿勢では子どもが来ることを拒んでいる状況がダブルバインドです。この場合、「おいで」という言語的なメッセージと「来るな」という非言語的なメッセージが矛盾していて、子どもにしてみれば、親のところに行っても行かなくても親のどちらかのメッセージを否定したことになってしまいます。こうしたダブルバインド状況に陥った人は、強いストレスを受けることとなります。

　ステメいじめは、ダブルバインド状況を作ります。被害を訴えなければ悪口を許したことになり、被害を訴えれば被害妄想とされ、どちらにしても苦痛が続くことになります。このように、ダブルバインド状況を作って被害者を苦しめるいじめを、「ダブルバインド型いじめ」と呼ぶことにしましょう。

　ダブルバインド型いじめは、ステメいじめに限りません。ステメに限らず、LINEのタイムラインやInstagramのストーリーズ等、どこに書かれていても、誰のことかを明記しないで悪口を書くことは、同様にダブルバインド型いじめです。LINE等のアカウント名の背景写真に、いつも一緒にいるグループの中で1名を除外した写真を載せたりすることも、ダブルバインド型いじめと考えられます。

　また、ネットいじめでなくても、「いじり」や「プロレスごっこ」、あるいは「嫌なあだ名で呼ぶ」といったことも、ダブルバインド型いじめと言えます。

　「いじり」とは、誰かの特徴や言動を否定的に取り上げてからかっ

たりすることを言います。お笑いで使われることが多い言葉ですが、日常の人間関係においても、面白おかしく誰かをからかうことが「いじり」と言われます。こうした「いじり」によって、互いの心理的距離が小さくなることが期待できる面があるかもしれませんが、基本的に否定的な扱いを受けることになるので、いじられた側が大きな苦痛を覚える可能性があります。

　「いじり」は基本的に笑いの文脈でなされます。ですから、「いじり」に対して真剣に苦痛を訴えると、「冗談なのに」「笑いがわからない」等、笑いの文脈がわかっていないとして非難されることになりかねません。しかし、「いじり」に対して何もしなければ、いつまでもいじられ続けることになる可能性があります。このように「いじり」は、どちらにしても苦痛を受けるダブルバインド型いじめなのです。

　「プロレスごっこ」も、同様です。「プロレスごっこ」は「ごっこ」なので、遊びとして行われます。たとえ一方的に技をかけられつづける者がいたとしても、あくまでも遊んでいるだけということになっているので、深刻に苦痛を訴えても「遊んでるだけなのに」と非難されてしまいます。苦痛を訴えれば遊びの文脈がわからないとして非難され、何もしなければ苦痛が続くということとなり、「プロレスごっこ」は「いじり」と同様にダブルバインド型いじめということになります。

　「嫌なあだ名で呼ぶ」ことは、あだ名が記号として二重の意味を持つことによって、ダブルバインド型いじめとなります。たとえば、歌が上手くない子どもが、アニメの音痴キャラクターになぞらえて「ジャイアン」と呼ばれたとしましょう。ここで「ジャイアン」というあだ名は、歌が下手だということをからかう意味合いの記号として機能することになります。しかし、「ジャイアン」という呼び名が定着してしまい、その由来を知らない子どもも「ジャイアン」という呼び名を使うようになると、「ジャイアン」というあだ名は単に特定の子どもを指し示すだけの記号として機能します。言われている子どもにと

っては、何もしなければ嫌なあだ名で呼ばれ続けることになりますが、「嫌なあだ名で呼ぶな！」と言っても「別に悪い意味で言ってないのに、気にしすぎだよ」などと言われてつらい思いをするだけかもしれません。

　以上見てきたように、ステメいじめと同様に、「いじり」「プロレスごっこ」「嫌なあだ名で呼ぶ」などの行為も、ダブルバインド型いじめであり、被害者に深刻な苦痛を与えうるものとなりえます。

　いじめをしてはいけないということは、ほぼすべての子どもが知っていることです。特に、いじめ防止対策推進法ができ、いじめ問題への対応が進んでいる現状にあっては、子どもが堂々といじめをすることはあまりないでしょう。

　しかし、子どもが別の子どもに対して苦痛を与えようとすることはありえます。その場合、あからさまにいじめをするのでなく、**いじめでないという体裁をとる**ことになります。誰のことかを示さずにステメ等で悪口を書くのも、笑いの文脈を作って「いじり」をするのも、定着した嫌なあだ名で呼ぶのも、いじめでないという体裁をとった上での行為です。こうした行為について仮にいじめではないかと咎められても、行為者はいじめをしたとは認めないでしょう。こうした行為を行う者は、言い逃れができるようにしていると言えます。

　被害者側から見ると、こうした言い逃れができる行為は、ダブルバインド型いじめとなりがちです。何もしなければ攻撃され続け、嫌がってやめてくれと言っても言い逃れをされた上に、やめてくれと言う方がおかしいというように、さらに攻撃されることになります。

　では、ダブルバインド型いじめを受けた場合、どのような対応が可能なのでしょうか。

　ダブルバインド型いじめに対して、我慢するか抗議するかの二者択一で考えても、苦痛が続くだけです。ですので、これらいずれかの選択肢をとる以外の対応が必要です。本来、ダブルバインド状況を作ること自体が、卑怯であり許されないことです。だから、ダブルバイン

ド型いじめに対しては、そうした**ダブルバインド状況を作り出すこと自体を批判する**しかありません。すなわち、次のように言うのです。

　「誰のことかわからないように悪口を書くことを、やめろ。何か言いたいなら堂々と言え。堂々と言えないのであれば、曖昧な書き方をするな。言い逃れができるように悪口を書くことは、卑怯だ」。

　「いじりなどと言ってひどいことを言ったりしたりするのは、やめろ。いじりなどと言って、ひどいことをしていることを正当化しているだけだ。ひどいことをしているのに、いじりなどと言って笑ってすませようとするのは、卑怯だ」。

　「プロレスごっこなんて言って、いつもプロレス技をかけてくるのは、やめろ。『ごっこ』なんて言ってるけど、技をかけられたら本当に痛いんだ。痛いことをしておきながら、『ごっこ』とか『遊び』などと言って言い逃れするのは、卑怯だ」。

　「みんなが呼んでいるからと言って、嫌なあだ名で呼ぶのはやめろ。自分たちは単なる呼び名だと思っていても、呼ばれる側はずっと嫌な思いをしているんだ。みんなのせいにして嫌なあだ名を使い続けるのは、卑怯だ」。

　できるならば、「ダブルバインド型いじめ」という言葉を普及させ、上記のようないじめ行為に対しては、「ダブルバインドをやめろ」という対応が通じるようにしていきたいものです。

＃ SOS の出し方に関する教育と脱・いじめ傍観者教育

　「ダブルバインド型いじめ」という言い方が定着し、「ダブルバインド型いじめは卑怯だ、やめろ」と被害に遭ったすべての子どもが言えるようになれば、状況は大きく好転するはずです。あからさまないじめは当然許されず、一見いじめではなさそうに見せるダブルバインド型いじめも卑怯だとして非難されるようになれば、いじめは容易には

できなくなります。

　しかし、ダブルバインド型いじめは卑怯であるという認識が広がるのには時間がかかるでしょうし、たとえ認識が広がっても「卑怯だ、やめろ」と言えない子どもは残るでしょう。また、ダブルバインド型いじめではないあからさまないじめも、容易になくせるものではありません。

　いじめは教師や保護者の見えないところで起こりがちであり、教師や保護者の目を盗んで進みます。教師や保護者がいじめの兆候に注意を向け、早期にいじめを発見することは重要ですが、それでも容易に見つけられないいじめはあります。特にネットいじめは、基本的に大人の見えないところで進むので、外から大人が気づくのは非常に困難です。実際、文部科学省「令和元年度 児童生徒の問題行動・不登校等生徒指導上の諸課題に関する調査結果について」によれば、いじめ発見のきっかけは、アンケートが54.2%、本人からの訴えが17.8%、保護者からの訴えが10.2%等となっているのに対して、学級担任が発見が10.4%、学級担任以外の教職員が発見が2.2%となっています。学校生活の中で教職員が発見できるものが一定数あるのは間違いないですが、児童生徒や保護者から知らせてもらわなければわからないいじめが多いことがうかがわれます。

　こうしたことを考えると、どれだけいじめ防止が進み、教師や保護者がいじめの発見に尽力したとしても、深刻ないじめ被害を防ぐためには、いじめの被害者やいじめを見ている者がいじめを止めるために有効な方法をとれるようにすることが不可欠だということがわかります。すなわち、いじめの被害に遭っている者が助けを求められるようにする「SOSの出し方に関する教育」や、いじめを見ている者がいじめを止めるために動けるようにする「脱・いじめ傍観者教育」が必要だということになります。

　「SOSの出し方に関する教育」は、近年、自殺予防策の一つとして注目されるようになっています。自殺予防に関する教育がなかなか広

がらない中、2018年に文部科学省と厚生労働省が連名で自殺予防教育やSOSの出し方に関する教育を進めるよう、全国の教育委員会等に通知を出しました。そして、文部科学省と厚生労働省は、東京都教育委員会が作成した「『SOSの出し方に関する教育』を推進するための指導資料」等の資料や教材を紹介しています。こうした資料や教材では、危機的状況に対応するために援助希求行動ができるようにすること、そして身近な大人がそれを受け止め支援できるようにすることを目的とした指導ができるようになっています。

　しかし、こうした「SOSの出し方に関する教育」は学習指導要領にも明示的には位置づけられておらず、あまり広がっていません。また、相談をすることが促される内容になっているものの、相談をした場合にどのような対応がなされるのかを具体的に示しているわけではなく、子どもたちが実際に相談をすることにうまくつながるのかが懸念されます。

　こうした教育と関連して、SOSを出す際の**相談窓口**をどのようなものと考えるかも重要です。校内の担任教員、学年主任、養護教諭、スクールカウンセラー等に相談することがまず重要と考えられますが、こうした校内のスタッフに関しては、汎用性のある教材を使うよりは日頃の授業等の中で教職員が子どもたちとの間で相談しやすい関係を作っていくことが重要と考えられます。校内の教職員に相談しにくい場合には、外部の相談窓口に相談することになりますが、よくあるのがいくつもの相談窓口のリストが配布され、こうしたところに相談するようにとされることです。これでは、子どもたちはどこに相談してよいか、判断しにくいと考えられます。

　近年、自治体や教育委員会等が、スマホのアプリ等を使い、チャットで悩みを相談できる窓口を設けることが多くなっています。具体的には、LINEを使ってカウンセラー等に相談できるものや、アプリ「ストップイット」を使用して教育委員会等の担当者に相談できるものが普及しています。今の子どもたちは面識のない大人と電話で話す

経験はほぼありませんし、電子メールにも慣れていません。他方、LINE等でチャットには慣れている者が多いので、**チャットでの相談は使いやすい**と感じられるようです。実際、LINE相談窓口を設置した長野県やストップイットを導入した千葉県柏市で、従前の電話やメールによる相談窓口と比較して大幅に相談件数が増えたことが報告されています。

　こうした状況をふまえると、「SOSの出し方に関する教育」の推進にあたっては、教育委員会等がチャットでの相談窓口を設置した上で、そうした相談窓口への相談を促す教育が必要であると考えられます。

　私たちの研究グループでは、ストップイットジャパン社や柏市教育委員会などと連携して、「SOSの出し方に関する教育」に関する動画教材を作成し、ストップイットジャパン社が希望する学校に配布しています。これは、**「私たちの選択肢」**シリーズのエピソード2「どうする!? SOS～ホウレンソウ（報告・連絡・相談）教育」というもので、いじめや家族の問題で悩む中学生が、少し前に学校でもらった相談窓口案内カードを見つけて、相談するかしないかの選択に悩むというストーリーとなっています（図6）。この教材シリーズでは、主人公の選択は教室の学習者たちによって決められます。それも、単純な多数決ではなく、教室でそれぞれの選択肢を選択した人の人数比に応じた確率で、主人公の選択が決まるようになっています（図7）。最終的に学習者は、主人公が相談した場合と相談しなかった場合両方の結末を視聴することとなります。こうした教材を用いて学ぶことで、実際に相談した場合の過程が具体的に想像できるようになり、自らの決断が問題解決につながることを理解しやすくなると考えています。

　このように、さまざまに工夫された「SOSの出し方に関する教育」のプログラムが開発され、多くの学校で実践されることが必要と考えられます。

　さらに、いじめを見ている人がいじめを止めるために何らかのアク

図6　教材中、主人公が相談のメッセージを送信しようとしている画面

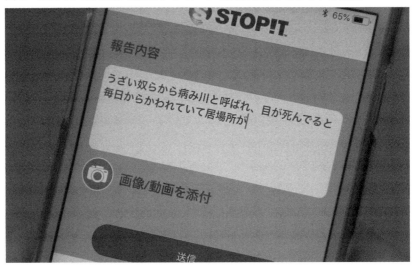

図7　ドラマの結末を決めるための抽選アプリの画面

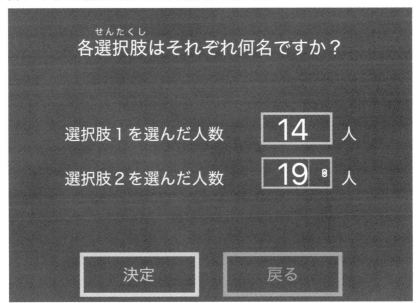

図8 脱・いじめ傍観者教材の解説画面

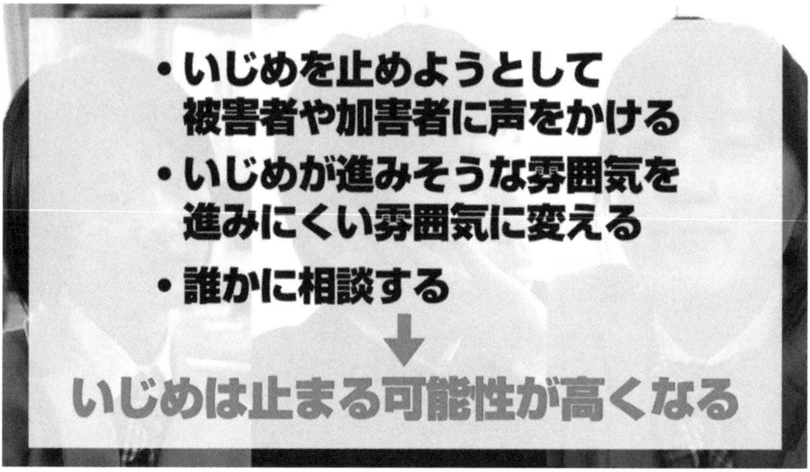

ションを起こすようにする教育も必要です。こうした教育が特に強調されることは少なかったのですが、私たちは、上記の「私たちの選択肢シリーズ」のエピソード1として、「脱・いじめ傍観者教育」の教材を作っています（図8）。この教材を用いた授業は、全国のストップイット導入校等、多くの学校で実践されています。この教材は、クラスメートがいじめを受けている状況に直面した女子中学生が、SNSのグループで意を決していじめを止める投稿をするかどうかを選択するストーリーとなっています。これも、教室の学習者たちの人数に基づく確率で、その後の展開が決まります。クラスの雰囲気がいじめの止めやすさに大きく影響するという考え方から作られています。

　以上のように、スマホ時代のいじめの深刻な被害を防ぐには、「SOSの出し方に関する教育」や「脱・いじめ傍観者教育」を積極的に実施することも必要となります。こうした取り組みにも、スマホのアプリを活用したり、動画や抽選アプリを活用したりと、ICTを積極的に活用することで効果が期待されます。

　まだまだこうした教育が広がっていないのが現状ですが、大人から見えにくいいじめの問題への対応を進めるためには、被害に遭った子

どもやいじめを見ている子どもがアクションを起こせることが重要です。「SOSの出し方に関する教育」や「脱・いじめ傍観者教育」を広げていかなければなりません。

＃ スピード感ある組織的ないじめ対応

　子どもたちへの「SOSの出し方に関する教育」や「脱・いじめ傍観者教育」を進めたとしても、いじめ問題の現状を見ると、**学校でのスピード感ある組織的ないじめ対応が必要であること**は間違いありません。おそらく、多くの教員の方がイメージされるよりも、もっと早くもっと組織的に対応をとらなければ、深刻ないじめ被害を防ぐことはできません。特に、以下2点を考えると、このことが理解できると思われます。

　第一に、**ダブルバインド型いじめが目立っている**ことです。「いじり」やステメいじめなどのダブルバインド型いじめでは、被害者は我慢をしても被害を訴えてもさらに苦痛を感じる状況に陥っています。このため、多くの場合、被害者は何もできないまま苦痛を重ねてしまい、周囲からもなかなか気づかれずにいじめを受け続けることとなりがちです。こうした被害が深刻なものとして理解されるのは、被害者が我慢しきれなくなって登校を渋ったり、体調を崩したりしてからということになりかねません。そのような状況になったときには、すでに被害は深刻になっていて、被害者の苦痛は容易には解消されません。「SOSの出し方に関する教育」が仮になされていたとしても、当初は被害者自身もいじめられている自覚がないこともあり、教職員が被害者自身より早くいじめの兆候に気づき、対応することが望ましいということになります。

　第二に、**ネットがいじめに使われる**ことです。ネットでは、悪口等のいじめ行為が直接なされるだけでなく、被害者の入っていないグループでいじめを進める相談がなされることもあります。いずれにしても、ネットが用いられることによって、放課後や休日に、SNS等で

いじめが急速に進むことがありえます。このことは、いじめ問題への対応が1日遅れるだけでも、被害が深刻に拡大する可能性があるということを意味します。

　以上2点をふまえれば、教職員がいじめの兆候に敏感になり、1日と遅らすことなく対応を進める必要があることが理解されるでしょう。特に、被害者本人ですら自覚がない場合も考えられることから、一人の教職員だけでは事態を適切に評価することは困難だと考える必要があります。

　気になることがあれば、すぐに他の複数の教職員に公式、非公式問わず相談をし、多様な考え方を突き合わせた上で対応の必要性が判断される必要があります。たとえば、朝の打ち合わせや下校指導時等に複数の教員が情報交換をしたり、各学級担任が毎日放課後学年主任や生徒指導主事に気になることを伝えたりすることを習慣づけ、一人の教員が気づいたことを1日以内に必ず複数の教員が共有する体制を作ることを考えるとよいでしょう。もちろん、いじめが起きている疑いがある場合には、その日のうちに校長に報告し、校長の指示で組織的な対応をとることが必要です。

　このように教職員が子どもたちの様子に敏感になり、いじめの兆候を捉えようとするためには、教職員が子どもたちに対して「指導しよう」という姿勢でなく、「知りたい」という姿勢である必要があります。子どもたちがじゃれ合っていたりもめていたりする際、頭ごなしにそこにいる子どもたちを叱る教職員がいます。しかし、こうした頭ごなしの指導では、子どもたちの間で何が起こっているのかを把握することにはつながりにくく、集団が一括して叱られることで、被害に苦しんでいる子どもは「先生はわかってくれない」と感じる可能性があります。子どもたちの間で何が起きているか知ろうという姿勢で子どもたちを見れば、頭ごなしに叱るのではなく、苦痛を覚えている子どもがいるのではないかと心配する態度を見せることになるはずです。子どもたちも教職員のこうした姿勢を見ており、教職員に接近す

ると叱られると感じれば教職員を遠ざけて相談を避けようとするでしょうし、教職員が自分たちのことを心配していると感じれば何かあったときに相談しようとします。

　教職員が子どもたちの様子を心配し、何かあったらすぐに共有するようにしていると、子どもたちの心配な状況が具体的に見えてきます。たとえば、じゃれ合っている、いじっている、からかっているといった様子が見えてくるでしょう。また、他の子どもとよくもめ事を起こす子どもが浮かび上がってくるかもしれません。複数の教職員でこうした事例について話し合えば、こうした状況の中で苦痛を覚えている子どもがいる可能性に思い当たりやすくなるはずです。「いじられキャラ」「ちょっと変わった子」「トラブルメーカー」といった見方が出てきたら要注意です。周囲に理解されないまま、本人は苦痛を受け続けている可能性があります。深刻な被害を防ぐためには、この段階までに対応を始めることが必要です。

　このように教職員が子どもたちを心配し、早期に子どもたちの苦痛を捉えられるようにするためには、学校の組織を変えることが必要かもしれません。一つの例として、**茨城県取手市の取り組み**を取り上げたいと思います。

　取手市では、2015年11月、中学生女子生徒が自らの命を断つ痛ましい事件がありました。背景にいじめ被害があることが早くから疑われていたのですが、取手市教育委員会は遺族の要望に反して本件がいじめ重大事態であることを否定しました。その後、文部科学省の指導もあって本件はあらためて重大事態として認定され、取手市教育委員会に代わって茨城県が調査をし、他の生徒たちによるいじめや、教職員の不適切な指導が明らかとなりました。

　私は、取手市が2018年4月に設置した「取手市いじめ問題専門委員会」の委員長の任にあります。委員の方々とともに、上記事件と同様の事態を二度と起こさないようにするための再発防止策を検討し、2020年2月、取手市教育委員会に提出しました。再発防止策の柱の

一つとして、**教育相談部会システムの導入**を提案しました。これを受け、2020年4月以降、小中学校には教育相談部会が設けられ、教育相談主任を中心に市のスクールカウンセラースーパーバイザー等の専門家も出席して、原則として毎週1回、会議を開き、悩みや問題を抱えた子どもたちの情報を共有し、対応を協議しています。

　取手市において重要だと考えられたのは、**個々の子どもたちを徹底して心配し支援する体制**の構築でした。取手市の小中学校には、生徒指導部会はあっても教育相談部会は設置されておらず、生徒指導部会では問題行動に走る子どもたちにどのように指導するかということが主に扱われており、子どもたちの抱える問題を心配することはあまりできていないようでした。これでは、悩みを抱えた子どもが他の子どもと一緒になって教職員から一方的に叱責され、苦痛を抱いていても救われないのは当然であると考えられました。

　地域や学校によっては、生徒指導部会とは別に教育相談部会が設けられており、問題行動への指導ではなく個々の子どもへの支援が中心に扱われています。取手市の学校にこうした機能を持つ組織を設けることが、再発防止策の柱の一つとして大変重要なことと考えました。

　いじめへの対応というと、生徒指導部会が担当すると思われるかもしれません。もちろん生徒指導部会で十分な対応ができればよいのですが、学校によっては生徒指導部会が子どもたちの生活の乱れやトラブルへの対応が中心となり、個々の子どもに寄り添った対応までできません。生徒指導部会とは別に教育相談部会を設けることによって、個々の子どもへの支援が迅速かつ組織的に進められるようになると考えられます。

§4 犯罪から子どもを守る

犯罪から子どもを守る

Twitterの複数アカウントと犯罪

　子どものスマホ利用に関して最も懸念されることの一つが、犯罪に巻き込まれることです。スマホを使えば、SNS等を通してさまざまな人たちと関わる機会を作ることができ、犯罪に巻き込まれる危険性が高くなります。

　特に、児童買春や児童ポルノといった**性に関する犯罪**への注意が必要です。SNSに起因するこの種の犯罪の被害者数の推移は**図9**の通りです。

　被害者数は、2011年、2012年あたりでいったん減少しましたが、2013年より増加に転じ、2019年には2012年の約2倍にまで増えています。ここで示されている数はあくまでも警察によって認知されている数であり、認知されていない数（暗数）が相当数あることも考えれ

図9　SNS等に起因する被害児童数の推移

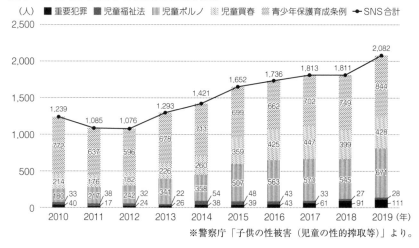

※警察庁「子供の性被害（児童の性的搾取等）」より。

図10 被害児童数が多いサービス

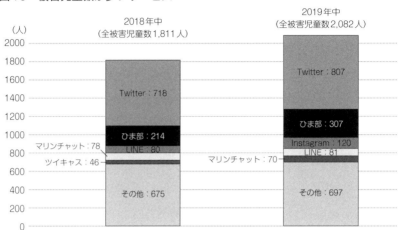

※警察庁「子供の性被害（児童の性的搾取等）」より。

ば、被害が深刻であることがうかがわれます。なお、この種の犯罪といいうといわゆる「出会い系サイト」が関係していると思われるかもしれませんが、現状では「出会い系サイト」による被害は非常に少なく、被害の大半は「出会い系サイト」に分類されない一般のサイトに起因したものとなっています。

　では、どのようなサービスがこの種の犯罪につながっているのでしょうか。警察庁によれば、被害児童数が多いサービスは**図10**のようになっています。

　一目瞭然ですが、**被害児童数が圧倒的に多いのはTwitterで、全**体の約4割を占めています。

　図11のように、少し前までは、被害児童数が多いサービスは頻繁に入れ替わっていました。2013年以前は従来型携帯電話向けのゲームサイト等（「ゲーム、アバター系」）で被害が多く、スマホが普及した2013年から2014年にはLINEのID等を交換するID交換掲示板等（「ID、QRコード交換系」）での被害が目立ちました。ID交換掲示板等で犯罪防止対策が進むと、位置情報等を交換しつつチャットができ

図11　SNSのサイト種別の被害児童数の推移（2013年度から2017年度まで）

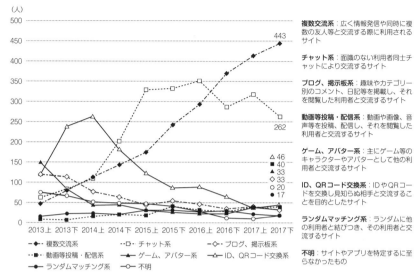

複数交流系：広く情報発信や同時に複数の友人等と交流する際に利用されるサイト

チャット系：面識のない利用者同士チャットにより交流するサイト

ブログ、掲示板系：趣味やカテゴリー別のコメント、日記等を掲載し、それを閲覧した利用者と交流するサイト

動画等投稿・配信系：動画や画像、音声等を投稿、配信し、それを閲覧した利用者と交流するサイト

ゲーム、アバター系：主にゲーム等のキャラクターやアバターとして他の利用者と交流するサイト

ID、QRコード交換系：IDやQRコードを交換し見知らぬ相手と交流することを目的としたサイト

ランダムマッチング系：ランダムに他の利用者と結びつき、その利用者と交流するサイト

不明：サイトやアプリを特定するに至らなかったもの

※警察庁「平成29年におけるSNS等に起因する被害児童の現状と対策について」より。

　るスマホアプリ（「チャット系」）での被害が顕著となり、2017年頃からTwitterでの被害が目立って多くなりました（Twitterは「複数交流系」に含まれます）。

　2016年頃までは、子どもたちがよく利用するサービスでかつ犯罪対策が不十分なところがあると、犯罪を企てる者も犯罪の被害に遭う子どももあえてそうしたサービスを利用し、そうしたサービスでの犯罪防止策が進むと別のサービスに被害が移っていく傾向が見られました。それが、ここ数年は継続してTwitterで多くの被害が出ています。

　図11にあるサービスの中でもTwitterは古いサービスなのですが、ここ数年になってTwitterで多くの被害が出ています。

　Twitterでこのところ被害が多い背景には、他のサービスで犯罪防止策が進んだということもあります。ゲーム系のサービスについては、出会いにつながるコミュニケーションを禁止し、24時間体制で監視をする等の対策がとられました。ID交換掲示板に関しては、

LINE 社が 18 歳以上であることが確認できない限り LINE ID を利用できない措置をとる等の対策が進みました。チャット系のアプリについても、犯罪防止策が少しずつ進んでおり、犯罪被害が多かったサービスが終了するなどの動きが生じています。

　他方、Twitter について見ると、スマホが普及し、アプリを使用して**複数アカウント**で利用する人が増えたことが背景にあると思われます。援助交際用あるいは「パパ活」（食事をして小遣いをもらう等、必ずしも売買春を意味しない場合もあります）用のアカウントを作る動きが広がり、事件につながっています。MarkeZine 編集部の 2019 年の調査によると、15 〜 19 歳の Twitter アカウント所持率は 85.1%、アカウント所持者のうち複数アカウント所持者は 66.5% でした。これらの数値は 20 歳以上の各世代より高く、若い世代で Twitter の利用、それも複数アカウントでの利用が一般的であることがうかがわれます（https://markezine.jp/article/detail/31391）。

　Twitter 社でも犯罪防止策を講じているようですが、徹底されている様子は見えません。2020 年 11 月時点でも、「＃援助交際」「＃サポ募集」「＃パパ活募集」「＃ｐ活」等の言葉で検索すると、援助交際やパパ活を持ちかける投稿を多く見つけることができます。

　本来、不特定の異性間の出会いを促すようなサービスは「出会い系サイト」に分類され、18 歳未満の者の利用は禁止されています。しかし、Twitter はあからさまに不特定の異性間の出会いのために使われてしまっています。多くの人が使う Twitter がこの状況では、犯罪被害を防ぐことは困難です。

　また、このところ Instagram でも犯罪被害が増えていますが、Instagram でも Twitter と同様に複数アカウントの利用が進み、援助交際用あるいはパパ活用のアカウントを作っている人たちが増えています。

　Twitter や Instagram のようなよく知られたサービスが犯罪の温床になっていることは、深刻な問題です。現状では、子どもたちがその

気になれば、容易に援助交際やパパ活ができてしまいます。

ゲームやTikTokでも子どもが狙われる

　TwitterやInstagramでの犯罪被害は、子どもの側でも援助交際用等のアカウントを作って意図的に相手と出会うものです。他方、子どもの側がそこまで意図的でなかったと考えられる事件も起きています。

　たとえば、2020年9月に起きた小4女児誘拐事件では、被害者と加害者はスマホ用のオンラインゲームで知り合ったことが報じられています。報道によれば、女児は自分用のスマホを持っていませんでしたが、親が使わなくなったスマホを自宅のWi-Fiに接続してオンラインゲームをプレイしました。具体的なゲーム名を報道から見つけることはできませんでしたが、オンラインゲームにはプレイヤー同士がチャットでコミュニケーションができるものが多く、一緒にゲームをプレイすることで親しくなりやすいこともあり、こうした事件につながるものと思われます（「朝日新聞」2020年9月5日など参照）。

　また、2020年8月に起きた中1女子誘拐事件では、被害者と加害者を結びつけたのは動画投稿アプリTikTokでした。TikTokは短時間の動画を共有するサービスで、ダンスの動画等を投稿して楽しむ人が多く見られます。利用者が動画にコメントをつけたり、利用者間でダイレクトメッセージを送って連絡をとったりすることができるため、子どもと会おうとする大人が子どもと連絡をとることができてしまいます。この事件でも、加害者がダイレクトメッセージで被害者に家出を促したことが報じられています。TikTokに自分の顔を出してダンス動画等を公開している人は多いのですが、風景や制服などから個人を特定される可能性が高く、かなり気をつけて発信しないと子どもと出会おうとする大人に狙われて事件に遭う可能性が生じます（「産経新聞」2020年8月14日など参照）。

　そして、リアルタイム位置情報共有アプリが事件につながることも

あります。近年、「Zenly」等、登録された家族や友達がいる場所を
リアルタイムで共有するアプリが一部で使われるようになっていま
す。友達が塾に行っているときには連絡を控える等、相手に対する配
慮をするために使われることもあるようですが、常に相手の状況を把
握し、束縛することにもつながる可能性があり、注意が必要です。
2020年1月には、女子高校生がこうしたアプリで友達登録していた2
名の男性から乱暴される事件が発生したこともあります（「日本経済
新聞」2020年12月7日など参照）。

　以上のように、一般的なSNSではなく、スマホ用の多様なサービ
スで、子どもが被害に遭うケースが出てきています。保護者から見れ
ば子どもが遊んでいるようにしか見えないので、こうした被害がある
ことを想像するのは困難です。

　さらに、SNSやゲームアプリ等に関する問題として、「**自画撮り被
害**」もあります。SNSやゲームアプリで知り合った者から子どもが
自分の裸の写真や動画を送るよう言われ、送ってしまう被害です。

　自画撮りさせる犯罪は、子どもの交渉力の弱さにつけこんだものと
言えます。この種の犯罪を企てる者は、SNS、オンラインゲーム等
のサービスで子どもと仲良くなります。その上で、懇願したり、脅し
たりして、裸の写真や動画を送らせます。子どもが断りにくくなっ
て、写真や動画を送ってしまうと、児童ポルノ製造等の犯罪となりま
す。いったん送ってしまうと、写真や動画が拡散する可能性があり、
どこまで広がっているのかわかりません。被害者は写真や動画を送っ
てからひどく後悔し、強い不安を抱き続けることになります。拡散を
防ぐためにも被害が生じたらできるだけ早く警察に相談する必要があ
るのですが、被害者は自分にも非があると感じ、誰にも相談できない
まま時間がたってしまうことになりかねません。

　この種の犯罪を企てる者は、さまざまなテクニックを用いて子ども
に写真や動画を送らせているようです。たとえば、まずは顔写真、次
に全身写真、その後は薄着になった写真、下着姿の写真というよう

に、少しずつ次の段階のものを送らせるということがありえます。これは、社会心理学で言う「フット・イン・ザ・ドア・テクニック」にあたるものです。このテクニックは、個別セールスをする人が、まずドアを開けてもらい、少しだけでも話を聞いてもらい、試供品を使ってもらい、……と少しずつ段階を進めていって最後は高額の契約をとりつけることから名付けられたものです。人は少しずつ段階が上がっていくと、途中で断ることが難しいものです。他にも、次のようなテクニックが使われているようです。

○ 自分が先に恥ずかしい写真を見せたり恥ずかしい話をしたりして、相手にもお返しを求める。人は何らかの恩恵を受けたらお返しをしなければならない気持ちになるという「**返報性**」に訴えるテクニック。
○「君のことがこんなに好きなんだから」と、好意を示す。人は**自分に好意を持っている人の頼みは断りにくい**という心理に訴えるテクニック。
○ 写真や動画を送るのを渋られたときに、突然人が変わったように怒る。**恐怖を与えることによって相手をコントロールする**テクニック。

　もちろんこうしたテクニックにも屈せず、被害を免れている子どもも多いことと思われます。しかし、子どものネット利用の拡大に伴い、こうしたテクニックに負けて、自画撮り被害に遭う子どもは増えています。
　誘拐や自画撮りの被害に関して特に危険なのは、**子どもと家族との関係がうまくいっていない場合**です。そもそも、思春期に差し掛かる子どもは、心身の成長に伴って親などとの力関係が変わり、家族を批判的に見て反抗したりしがちです。たとえあからさまな虐待等がなくても、親などを嫌い、家から出たいという願望を持つこともありま

す。

　そのような時期の子どもが、ネットで自分に優しくしてくれる人と出会ったときに、相手の言うことを聞きたい、あるいはその人のところに家出をしたいと考えても不思議はありません。こうして、家族との関係がうまくいっていない子どもが、誘拐や自画撮りの被害に遭うこととなります。実際、誘拐事件とされている事件の中には、子どもが自分の意志で家出をしているケースが多く見られます。

　以上見てきたように、子どもがネットで双方向性のあるサービスを利用している限り、子どもを狙う者との接点は生まれやすく、交渉力が低かったり家出願望があったりする子どもが事件に遭うリスクは非常に高いと言えます。

　子どもにネットを使わせている限り、こうした被害のリスクをゼロにすることはできません。ただ、リスクを軽減する方法はあるように思われます。それは、法令に関する知識を子どもに持たせることです。

　未成年者（20歳未満の者）を誘拐すれば、刑法に定められる「**未成年者誘拐罪**」に問われることとなります。これは、本人の承諾があった場合にも適用される罪です。誘拐というのは、相手を騙したり誘惑したりして、生活環境から離脱させて自らの支配下に置くことです。ですので、家出願望がある未成年に優しい言葉をかけて自らの家に泊める行為は、未成年者誘拐罪に問われる可能性があります。

　また、多くの地域には、**青少年健全育成条例**があり、深夜（多くは23時以降）に保護者の許可なく18歳未満の者を外出されることを禁じており、罰則も設けられています。

　そして、18歳未満の者に裸の写真や動画を撮らせる行為は、**児童買春・児童ポルノ禁止法**が定める**児童ポルノ製造**の罪に問われます。また、提供された写真や動画を持っている行為は**児童ポルノ所持**、写真や動画を他の人に送る等すれば**児童ポルノ提供**の罪に問われます。

　子どもたちの多くは、こうした法令を知らないものと思われます。

こうした法令に関する知識を得ることで、自分を誘い出す人や自分の裸の写真・動画を求める人が犯罪をおかそうとしているということを知ることができます。たとえ自分に対して優しくしているとしても、その人が犯罪をおかそうとしていることを知れば、多少なりとも思いとどまろうとするのではないでしょうか。

♯ 少年犯罪が激減する中で

ここまで子どもたちが被害に遭う問題を見てきましたが、子どもたちが加害者になる問題についてはどうでしょうか。

少年犯罪は年々深刻化しているという印象を持っている人も多いようですが、数を見ると、少年犯罪は近年激減しています。図12・13のように、10年ほどの間に刑法犯で検挙された少年の数は4分の1以下に減っています。人口あたりの検挙数も約4分の1になっていますので、少子化による子どもの人口減を考えても、少年犯罪は激減していると言えます。

罪種別で見ると、強盗、傷害、恐喝、窃盗等、もともと検挙人数が多かった罪種で検挙人数が大幅に減っています。他方、強制性交等（以前は「強姦」）、詐欺、わいせつといった罪種については、図14のように検挙人数が減っていません。

すなわち、近年の少年犯罪の傾向としては、万引き、自転車盗などの盗みや、暴行や傷害などの暴力等の犯罪が激減している一方で、オレオレ詐欺などの特殊詐欺が増えていて、性的な犯罪はあまり変わっていないということが言えます。

少年犯罪のこうした傾向を、どのように解釈すればよいでしょうか。

関連する要因は多岐にわたると考えられますが、この10年くらいの社会の変化を考えれば、スマホやSNSの若年層への普及によって若い世代の生活のあり方が大きく変わったということがあります。他方、スマホやSNSの普及以外に若い世代の生活を大きく変えた要素

図12　刑法犯で検挙された少年の数の推移

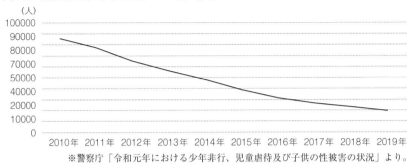

※警察庁「令和元年における少年非行、児童虐待及び子供の性被害の状況」より。

図13　刑法犯で検挙された少年の人口比の推移（14～19歳の少年人口当たりの検挙人数）

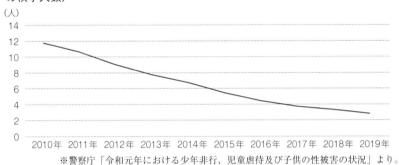

※警察庁「令和元年における少年非行、児童虐待及び子供の性被害の状況」より。

図14　検挙人数が減少していない主な罪種別の少年の検挙人数の推移

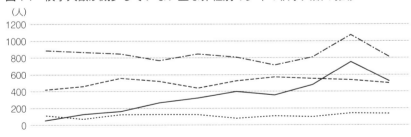

※警察庁「令和元年における少年非行、児童虐待及び子供の性被害の状況」より。

を考えることは困難です。

　では、スマホやSNSの普及と少年犯罪の変化を整合的に解釈することができるでしょうか。

　少年犯罪の傾向で目立つのは、盗みや暴行・傷害等、街中で衝動的に起きやすい犯罪が減っていることです。これに加えて、いわゆる暴走族による暴走行為も激減しています。かつては、不満を抱えた若者が街に出て、乱暴な行為に走ることが多かったのが、近年はこうした行為が少なくなっています。こうした傾向とスマホ・SNSの普及との関わりについては、以下二つのことが考えられます。

　第一に、**スマホやSNSが、不満をやり過ごす方法を提供している**ということです。スマホ普及前は、不満を抱えて生活している者は家にいても退屈するだけになりがちだったと思われます。スマホが普及して、家にいても、特に家族と関わらずにSNS、動画、ゲーム等で時間を過ごすことができるようになりました。この結果、スマホ依存、ゲーム依存に陥りやすくなっているとは言えますが、外に出て盗みや暴行をせずとも不満をやり過ごしやすくなっていると考えられます。

　第二に、**スマホやSNSで新たなつながりを作りやすくなり、そもそも不満が生じにくくなっている可能性がある**ということです。スマホ普及前は、学校や家庭で不満を抱えると、地域内で別の居場所を作らない限り孤立してしまい、ともすると不満を抱えた者ばかりで集まって犯罪行為に走るということになりやすかったと考えられます。スマホが普及し、SNSやゲームで多様なつながりを作れるようになった結果、物理的な地域に縛られずにネット上でゆるやかなつながりを作ることが可能となりました。こうしたつながりを作ることができれば、学校や家庭で不満が生じても、ネットのつながりの中では帰属意識や自己肯定感が得られ、そこそこ楽しく日々を過ごすことができるようになります。

　他方、スマホ・SNSが普及しても、特殊詐欺は増えていて、性的

な犯罪は横ばいです。これは、スマホやSNSがこうした犯罪を促している面があるためと考えられます。

　特殊詐欺は、犯罪組織がアルバイト感覚で若者を使い、詐欺の一端を担わせているものと考えられます。互いが顔を合わせず、スマホで連絡を取り合って犯行が進められることが多く、不満を抱いていたり金銭に困っていたりする若者が引き込まれます。大麻や覚せい剤等の薬物関連の犯罪も同様ですが、**互いの素性がわからないままのコミュニケーションが可能になる**ことによってこうした犯罪は広がっており、引き込まれる若者が増えていると考えられます。

　性的な犯罪についても、すでに見たように、SNSに起因する犯罪が多くなっています。街頭ナンパ等に起因する犯罪は減少しているものと思われますが、SNSに起因する犯罪が増えているために、全体の犯罪件数はなかなか減りません。

　以上のように、近年の少年犯罪の傾向は、スマホ・SNSの普及と整合的に解釈することが可能です。もちろん、警察等関係機関の努力、オートバイや自動車の（特に若年層の）利用減少、未成年者の飲酒・喫煙防止の徹底等も少年犯罪減少の要因として考えられます。しかし、こうした要因は若い世代の生活のあり方の大きな変化を説明できるものとは考えられません。スマホ・SNSの普及を抜きにして少年犯罪の傾向を説明するのは難しいのです。

　以上の考察から得られる示唆は、**スマホ・SNSの普及の影響を単純に考えてはならない**ということです。スマホ・SNSの普及は、ネット依存やゲーム依存の問題を生じさせ、特殊詐欺や性的な犯罪につながっていると言えます。他方で、かなり多くの若者が、スマホ・SNSがあるおかげで、犯罪に走ることが抑止されている可能性があります。新たな問題が生じると、過去の方がよかったと考えられがちですが、そうした**ノスタルジー（懐古主義）**には注意しなければなりません。少年犯罪が今の何倍もあった過去を無前提で肯定するわけにはいきません。現状をよりよく変える努力は必要ですが、それは単純

に過去に戻ることではないのです。

フィルタリングで犯罪被害を防げるか

　犯罪から子どもを守るということの最後に、これまで国の政策で子どもを守るための柱と考えられてきたフィルタリングの現状と課題について考えていきましょう。フィルタリングについては第1章でも触れましたが、ここであらためて検討したいと思います。

　前述のように、フィルタリングというのは、「フィルターをかける」というニュアンスの言葉で、有害な情報を遮って青少年にアクセスさせない仕組みを言います。

　若年層に従来型携帯電話が普及した2006年頃から、ポルノサイトや危険な情報が流れる掲示板等へのアクセスを止めるために、携帯電話会社が提供するフィルタリングへの期待が高まりました。当時のフィルタリングには、以下の2種類がありました。

○ ホワイトリスト方式…問題ないことが確認されているカテゴリーの
　サイトにのみアクセス可能とする
○ ブラックリスト方式…有害だと考えられているカテゴリーのサイト
　へのアクセスを不可とする

　「ホワイトリスト」「ブラックリスト」という表現には人種差別につながるという指摘があり、近年は「拒否リスト」「許可リスト」など別の表現が使われることがありますが、ここでは過去使用されていた用語について述べているので言い換えはせずに話を進めていきます。

　上記2方式のうち、小学生など携帯電話初心者にはホワイトリスト方式、ある程度使用経験のある中高生にはブラックリスト方式が推奨されていました。どちらの方式であっても、当時の携帯電話サービスにおいては、携帯電話からインターネットへのアクセスで基本的にWi-Fi接続はなく、携帯電話会社の回線からインターネットにつなが

っていたので、端末で何も設定しなくても携帯電話会社側の設定のみでフィルタリングが適用されました。このため、設定には時間がかからない上に、子どもが保護者に無断でフィルタリングを外すことはできず、保護者から見れば安心して利用できるものでした。

　しかし、課題もありました。どの方式かを問わず、当時のフィルタリングでは掲示板やSNS等の**双方向性のあるサービスへのアクセスはすべて不可**となっていたので、当時利用者が広がっていたmixi等のSNSやモバゲー、グリーといったSNS機能を含むゲームサイト等へのアクセスができなかったのです。このことは利用する子どもたちには大きな不満となっていましたし、SNS等を運営する事業者にとっても若年層の利用への障壁ができてしまうこととなります。

　こうした状況を受け、官民あげて次のような対策が進められました。

○青少年が利用するSNS等については、安全な利用に関わる取り組みがなされているかどうかを審査する**第三者機関**を設け、十分な取り組みがなされていると第三者機関が認めたサービスについてはブラックリスト方式のフィルタリング対象から外す。
○保護者の判断で一部のサービスの利用を認めたり禁止したりできるよう、フィルタリングの「**カスタマイズ**」を可能とする。
○携帯電話会社は、18歳未満の人が利用する携帯電話サービスを提供する際に、保護者に対してフィルタリングに関する説明を行い、フィルタリングを利用するか否かを保護者に確認する。

　そして、2008年、SNS等の審査を行う第三者機関として「モバイルコンテンツ管理・運用監視機構」（略称EMA）が発足し、携帯電話会社はEMA認定サイトをブラックリスト方式のフィルタリングの対象から外すこととしました。人気の高いEMA認定サイトでは利用規約で青少年と実際に会うことにつながるコミュニケーションを禁止

し、24時間体制で違反がないかどうかをチェックする対応をとり、性的な犯罪等を未然に防ぐ措置を進めました。

　2009年、**青少年インターネット環境整備法**が施行され、携帯電話会社は18歳未満の者が利用する携帯電話サービスの提供にあたって、保護者にフィルタリングについて説明することや保護者から不要との申し出がない限りフィルタリングを有効とすることが義務化されました。

　これ以降、青少年の携帯電話利用者へのフィルタリングの普及は進み、18歳未満の携帯電話利用者の7割近くがフィルタリングを利用するようになりました。また、SNS等に起因する被害者でフィルタリングを利用していた人は毎年数名のみであり、フィルタリングを利用していれば犯罪被害からほぼ守られるということにもなりました。そして、フィルタリングの普及が増えるのと同時に、SNS等に起因する犯罪被害者数も減少するようになりました。

　以上のように、フィルタリングの普及によって青少年が安全に携帯電話を利用できる環境が整備されていきました。しかし、これは、日本国内で官民が連携して取り組んだ独特の対策が功を奏した結果であり、言わば「ガラパゴス的な」対策が一時的に機能していたものです。この状況は、**グローバル化**の波の中で一変することとなります。

　2008年、日本でiPhoneが発売されて以降、一部の大人にはスマホが普及するようになりました。当初、若年層向けのサービスは従来型携帯電話用が中心でしたが、2013年前後、一気にスマホ向けに多くのサービスがシフトしました。また、LINEをはじめとするスマホ向けアプリが普及しました。

　従来型携帯電話もスマホも、通話以外の機能のある多機能端末であるという点では大差のないものです。しかし、両者の間には、ビジネスモデルの面で大きな違いがあります。従来型携帯電話は、携帯電話会社主導で端末やサービスが開発され、サービスを提供する事業者は基本的にウェブページ向けのサービスを提供していました。他方、ス

マホは、基本ソフトを提供するアップル社やグーグル社（いずれも米国の会社）が主導権を握っており、携帯電話会社独自のサービスを組み込むことは難しい一方で、アップル社やグーグル社が運営するアプリストアを利用することで多くの企業がスマホ用アプリ提供に参入することができるようになりました。また、従来型携帯電話は基本的に携帯電話会社の回線を利用していたのに対して、スマホはWi-Fiでも利用できるという違いもありました。

　端的に言えば、従来型携帯電話では国内の携帯電話会社がかなりの部分をコントロール可能であったのに対し、スマホでは海外発のグローバル企業が多くの権限を握っているという違いがあります。このことは、携帯電話会社にフィルタリングの普及の多くを委ねてきたやり方が、スマホでは難しくなることを意味します。

　スマホ普及後、フィルタリングによる有害情報閲覧防止対策は、非常に困難となりました。

　まず、**スマホのフィルタリングが複雑**であり、設定に手間がかかるようになりました。携帯電話回線でのフィルタリングだけでは不十分なので、端末側でWi-Fi使用時にも適用可能なフィルタリング用のソフトを機能させることが必要となります。また、従来のフィルタリングは基本的にウェブサイト閲覧時に有害なサービスへのアクセスをさせないものでしたが、スマホにはさまざまなアプリがありますので、青少年の利用にふさわしくないアプリを利用できなくする必要もあります。これらについては端末側で操作が必要なので、スマホ購入時に店頭で説明を受けて設定するのにかなりの時間を要することとなります。

　また、**有害なサービスと安全なサービスとの区別**が難しくなりました。たとえば、Twitterは児童買春等の犯罪に使われることが多い一方で、政府や企業等の公式の発信でも多く使われています。TwitterはEMA認定のサービスではないので携帯電話会社が提供する基本的なフィルタリングではTwitterの利用はできませんが、フィルタリン

グの利用者はTwitter上の情報にまったくアクセスできなくなってしまいます。携帯電話会社は、TwitterやFacebookといったEMA非認定でも利用者が多いサービスについて例外的に利用可能なフィルタリングを選択可能とするようになりました。

こうしたことの結果、18歳未満の携帯電話等利用者でフィルタリングを利用する者は40%程度にまで落ち込んでいます。また、スマホ向けで人気のあるサービスがEMA認定を受けない状況が続き、EMAは2018年に解散。EMA認定サービスのみをフィルタリングの対象から外すことはできなくなりました。そして、Twitter等を使えるフィルタリングが普及したためか、フィルタリングを利用していても児童買春、児童ポルノ等の犯罪被害に遭う青少年が増加しています。

上記の状況を受け、青少年インターネット環境整備法が改正され、2018年に施行されました。改正によって、携帯電話会社が端末の販売時にフィルタリングを有効化する措置を行うことを義務付ける等の改正が行われましたが、第1章で見たように、フィルタリングの利用率低下等の傾向に歯止めをかけることはできていません。

現状のスマホ用フィルタリングの最大の問題点は、サイトやアプリといったサービスごとにアクセス可か不可かを決めなければならないところにあると言えます。Twitter等について、サービス全体をアクセス可とすると犯罪防止ができません。しかし、サービス全体をアクセス不可とすると、重要かつ安全な情報へのアクセスが困難となり、スマホの使い勝手が著しく低下してしまいます。このような状態では、フィルタリングの普及によって犯罪を抑止することなど、非現実的です。

前述のように、可能性があるとすれば、フィルタリングの対象をきめ細かくし、Twitter等のサービスについて投稿者ごとに投稿が安全かどうかを判定し、危険な投稿者による投稿を閲覧不可能にすることだろうと考えられます。現状でも、多くのメールサービスが、メール

ごとに危険か否かを判断し、危険なメールを閲覧させないようにして
います。これと同様のことが、Twitter 等のサービスに導入できれ
ば、フィルタリングの使い勝手は大きく向上するはずです。

　業界にこうしたことを進めるだけの熱意がないのであれば、フィル
タリングの普及を青少年のインターネット環境整備の中心とするのは
もう断念し、青少年が自らを守れるようにする教育に重点を移さなけ
ればなりません。政府での議論がこうしたレベルにまで進んでいない
としたら、私たちはスマホ・SNS を通して子どもたちが被害に遭う
状況を大きく変えることは難しいと考える必要があります。

§5　社会参加型の情報モラル教育へ

社会参加型の情報モラル教育へ

＃ 誹謗中傷が人の命を奪う

　新型コロナウイルス禍に見舞われた2020年は、ネットでの誹謗中傷が注目を浴びた年でもありました。

　この年の5月23日、フジテレビなど制作の番組「テラスハウス」シリーズ「TERRACE HOUSE TOKYO 2019-2020」に出演していたプロレスラーの木村花さんが亡くなりました。木村さんは番組内のできごとをきっかけにTwitter等のSNSで多くの中傷を受けていたことに関わって、自ら命を絶ったものと見られています。

　「テラスハウス」シリーズは2012年10月から放送されていたテレビ番組で、複数の男女がシェアハウスで生活する様子を描いた番組で、ジャンルとしては「リアリティ・ショー」のものです。当初約2年間はフジテレビ系のテレビ番組として放送されていましたが、いったんテレビ番組としての放送が終了した後、映画版を経て、2015年からはインターネットの番組配信サービスであるNetflixで主に配信され（一部はフジテレビ・オンデマンドでも配信）、テレビでは補助的に放送されるようになりました。木村さんが出演していた「TERRACE HOUSE TOKYO 2019-2020」は、Netflixでまず配信され、遅れてフジテレビ・オンデマンドでも配信され、さらに遅れてフジテレビで放送されていました。

　2020年3月31日にNetflixで配信された「TERRACE HOUSE TOKYO 2019-2020」第38話で、「コスチューム事件」と呼ばれる事件が取り上げられました。木村さんがプロレス用のコスチュームをシェアハウスの洗濯機から取り出すのを忘れていたところ、ある男性出演者がそのことに気づかず洗濯をしてしまい、木村さんのコスチュームが縮んで着られなくなってしまったものです。番組では木村さんが

この男性出演者を強く叱責する様子が流され、Netflix 配信後から
Twitter 等では木村さんに対して批判する投稿が多く、炎上と言える
状況となりました。その後、5月14日に「テラスハウス」公式
YouTube アカウントで公開された番組未公開シーンの中で木村さん
が男性出演者を批判している発言が放送され、5月18日にはフジテ
レビで第38話が放送されました。その後、木村さんが亡くなるに至
りました。

　これまでも SNS での中傷は繰り返し問題になってきましたが、木
村さんが亡くなったことでこの種の問題に関して、あらためて多くの
人々の認識が問われているように思われます。というのは、**番組や
SNS が作り出す「空気」**と、木村さんが深く傷ついたということの
乖離が非常に大きかったからです。

　詳しく述べましょう。

　少なくとも一部の視聴者にとって、木村さんを中傷することは、番
組公認のもののように見えたはずです。木村さんは強そうに見えるプ
ロレスラーであり、その木村さんが男性出演者に対して強く怒りをぶ
つけていました。スタジオのコメンテイターたちも、木村さんの行為
に関して言葉を失う様子を見せていました。こうしたことから、視聴
者が木村さんに対して冷たい目を向けるように番組が作られていたと
解されたとしても不思議はありません。SNS で中傷がなされても、
特に誰もこの流れを止めているようには見えませんでした。こうした
状況の中で、視聴者の一部が SNS で木村さんを中傷する投稿をして
いたものと考えられます。木村さんを中傷していた人たちは、言わば
番組が作り出す「空気」に乗っていました。

　テレビなどが誰かを中傷してよい「空気」を作り、一部の人たちが
この「空気」に同調して誰かを悪く言うという関係ができることは、
評論家の宇野常寛さんが『遅いインターネット』(幻冬舎)で指摘し
ているように、近年顕著になっています。当然、中傷される方はたま
ったものではないのですが、これまでは、中傷に対して無視してやり

過ごしたり、中傷に対して逆に批判して闘ったりすることが目立っていました。

　ところが、木村さんの場合は状況が違っていました。木村さんを含め番組の出演者たちはTwitterでも発信しており、番組のファンたちはTwitterでのやりとりも含めて番組を楽しんでいました。番組出演者のアカウントに対して、直接視聴者がコメントを送ることができる状況にあったわけです。木村さんに対する中傷は、木村さんに対する直接のコメント等の形で発信されることになりました。

　中傷している人たちにとっては、番組が木村さんの行為を否定的に描いており、言わば番組公認で木村さんを非難することが求められている「空気」が感じられ、木村さんのTwitterアカウントがあったことからこのアカウントへのコメント等の形で中傷発言を書き込んだものと思われます。これまでの「2ちゃんねる」（現「5ちゃんねる」）等の影響もあり、ネットでのコミュニケーションには歯に衣着せぬきつい言葉遣いが使われることがあり、当然ながら木村さんを中傷する投稿にはひどい言葉遣いのものが多く見られました。中傷していた人たちは、番組に求められる「空気」やSNSで感じられる「空気」に乗って、木村さんを中傷していたものと言えます。

　しかし、木村さんの側ではこのような中傷を受け流せるような状況にはありませんでした。番組中とはいえ自分のとった態度について、見ず知らずの人から直接的にひどい言葉で罵られ、その罵りを一身に受け止めていました。

　フジテレビの検証報告によれば、中傷が始まって以降、番組スタッフが木村さんのケアにつとめ、繰り返し連絡をとり、SNSの利用を止めてもらう等の対応もしたとのことです。しかし、こうした対応が木村さんを守ることはできませんでした。

　中傷する側には、以下のような考え方があったものと考えられます。

○ テレビに出ている人は強く、自分たちがネットで中傷したくらいでは何とも思われない。
○ 誰かを中傷してよい「空気」があるときに、その「空気」に乗って中傷を行っても大した問題ではない。
○ ネットで誰かに対して批判的な発信をする際には、きつい言葉遣いをするのが当然だ。
○ ネットで誰かに対して批判的な発信をする際、その相手がSNSアカウントを使っているなら、そのアカウントへのコメント等の形で直接批判的な発信を送りつけても問題ない。

　冷静に考えればわかりますが、上記はすべて誤った考え方です。テレビに出ている人も中傷されれば傷つくことがありえますし、「空気」があることは中傷を許すものではありません。さまざまな考えを表明することはあってよいのが当然ですが、誰かを批判するにはそれなりのマナーが必要であるはずで、いきなり直接的にひどい言葉を浴びせることは正当化されません。しかし、ネットでのコミュニケーションにおいて、こうした正当な考え方は言わば建前とされてしまい、そうした建前よりはネット（の一部）を支配する「空気」に従うことが正しいという歪んだ考え方が一部の人たちにはびこっているのが現状です。
　ネットでの誹謗中傷に関しては、他にも以下のような出来事が起きています。

○ 小学生時代からTwitterで発信を続けていた女優の春名風花さんが、Twitter上での自身や両親への中傷に対して名誉毀損と侮辱の疑いで裁判に訴え、約315万円での示談を受け入れた。
○ 舌がんで闘病中のタレント、堀ちえみさんが、「死ね」「消えろ」などとネットで中傷された。中傷を行った50代女性が脅迫容疑で逮捕された。

○元AKB48でタレントの川崎希さんが、ネットで自身や家族について中傷された。2名の女性が侮辱罪で書類送検されたが、本人たちが反省しているということで、川崎さんは刑事告訴を取り下げた。

　これらは、単なる悪口というより、内容や頻度が悪質なものであり、書かれた側としては身の危険を感じるようなものであったと思われます。このように深刻なものがいくつかあるということは、ここまでではなくともひどい書き込みがかなりあるということです。記録の残らない井戸端会議での話ならともかく、相手に直接届くSNS等でこうした中傷がなされていることは大きな問題ですし、有名人の方々がこうして対抗措置をとることも当然必要なことだと考えられます。

　子どもがSNSを使うということは、このような中傷がなされることがあるネット社会に子どもが参加することを意味します。子どもが「空気」に乗って誰かを傷つけるようなことがあってはなりませんし、むしろこうした問題を解消する方向で動けるようであってほしいものです。

＃ 先進国最低レベルの情報活用

　では、日本の子どもたちは、ネット社会の担い手として参加することを学べる状況にあるのでしょうか。残念ながら、日本の子どもたちがネット社会への参加について十分に学べているとは言えません。

　OECD（経済協力開発機構）は定期的に各国の子どもの学力等を調査しています。最近の調査である2018年のOECD生徒の学習到達度調査（PISA2018）では、「生徒の学校・学校外におけるICT利用」についても調査がなされています（調査対象は高校1年生相当の学年）。これを見ると、日本の子どもたちのICT利用状況が国際的に見るとかなり特異なものであることがわかります。

　まず、日本の子どもたちは、**学校の授業であまりデジタル機器を使用していません**。図15のように、国語、数学、理科といった教科で

図15 1週間のうち、教室の授業でデジタル機器を利用する時間

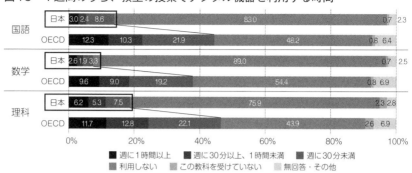

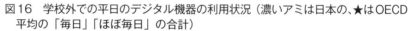

※文部科学省「OECD 生徒の学習到達度調査2018年調査（PISA2018）のポイント」より。

図16 学校外での平日のデジタル機器の利用状況（濃いアミは日本の、★はOECD
平均の「毎日」「ほぼ毎日」の合計）

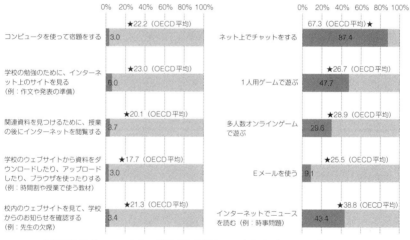

※文部科学省「OECD 生徒の学習到達度調査2018年調査（PISA2018）のポイント」より。

デジタル機器を使用している時間が調査対象国最低となっています。

　学校外においても、日本の子どもたちがデジタル機器を使うのは娯楽やコミュニケーションに限られていて、ニュースを読むことを除いて学習等の用途でデジタル機器を使用している者の割合は著しく低くなっています（図16）。

PISA 調査では読解力調査がコンピュータを使用した調査になっていて、長文の課題文をスクロールして読んだり、複数の画面で表示されている課題文を読んだり、キーボードで解答の文章を入力したりすることが求められています。日本の子どもたちの読解力は総じて高いのですが、必要な情報がどのサイトにあるかを探し出す問題では正答率が低く、コンピュータを使用した文章を読むことに課題が見られます。

　また、日本の子どもたちは、**キーボードを使った文章入力**に大きな課題があることがわかっています。少し前のデータですが、文部科学省が 2013 年度に実施した情報活用能力調査において、1 分あたりの平均入力文字数が、小学校 5 年生で 5.9 文字、中学校 2 年生でも 17.4 文字と、実用的にはほぼ使えないレベルの遅さとなっています。

　以上のように、日本の子どもたちはコンピュータでの文字の読み書きが著しく低く、学習目的でデジタル機器を使用する機会は先進国最低水準となっていると言えます。この結果、インターネット利用時間と成績との関係も、独特なものとなっています。日本では総じて学力の成績は高いのですが、諸外国では学校外でのインターネット利用時間が短い者の学力はかなり低いのに対して、日本では「1 日に 30 分未満」等、利用時間が短い者の学力が非常に高いのです。諸外国では成績のよい者は学校外でインターネットをある程度利用する場合が多いのに対して、**日本ではインターネットの利用に抑制的な方が成績が高くなりやすい傾向が見られます**。日本では、インターネットを使うことと学力を上げることが別の方向に向かっているようです（図17）。

　以上のように、日本の子どもたちは、学校でコンピュータを使う学習を行う時間が先進国最低水準であり、インターネットを利用することが学力向上に結びつかない状況にあります。インターネットの利用が私的な娯楽やコミュニケーションに偏っており、ネット社会の担い手となるには心許ない状況にあります。

図17　学校外での平日のインターネットの利用時間別の３分野の平均得点

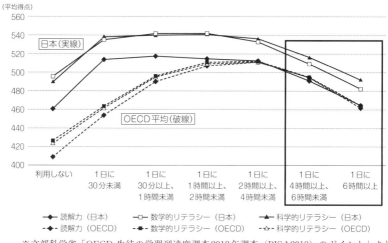

※文部科学省「OECD 生徒の学習到達度調査2018年調査（PISA2018）のポイント」より。

PR の意味を知っていますか？

　子どもたちがネット社会の担い手となるために学ぶべきことのひとつに、PR という概念があります。

　PR という言葉は、「会社が新商品の PR をしている」「面接で自己PR をした」等、日常的に使用される語です。しかし、PR が何の略かと問われるとわからないという人が多いようです。P のつく似た意味の言葉で、「（販売）促進」を意味する promotion や「宣伝」を意味する publicity、「政治的宣伝」を意味する propaganda 等の言葉がありますが、どれも PR とは別の言葉です。

　PR は public relations の略です。直訳すれば「公的な関係」ということになります。コミュニケーションを通じて利害関係者（ステイクホルダー）との間で良好な関係を築く営みが、PR です。日本語で意味の近い言葉は「広報」です。新商品の PR をするというのは、新商品に関してコミュニケーションをとり、顧客等の関係者と良好な関係を築くというのが本来の意味合いのはずです。就職活動における自己

PR は、書類や面接を通して自分に関してコミュニケーションをとり、企業等との間で良好な関係を築こうとするということのはずです。PR が「アピール」（訴えること）のような意味で使われ、一方的な訴えがなされるばかりで相手を困らせるようなことがありますが、これは PR とアピールとの混同によるものと考えられます。

　ネット社会を担うには、さまざまな人たちとの間で適切に PR を行うことが不可欠です。このことは、単にネットを見て楽しむというより、何らかの目的のためにネットを活用しようと思うとわかりやすいのではないでしょうか。

　たとえば、災害からの復興のためのイベントを行いたい、地域の特産物を売るための会社を作りたい、学校になじめない子どもが学ぶ場を作りたい、障害を持つ人が使いやすい道具を作って売りたい等々、何かやりたいことができたとします。もちろんネットを使わなくてもできることはあるでしょうが、ネットを使ってできることはたくさんあります。

　まず、個人ででも任意団体としてでも、SNS のアカウントをとったり簡単なホームページを作ったりして、情報発信を始めることができます。Twitter や Instagram を使って、同様のことをやっている人たちとつながりを作り、取り組みについて教えてもらうことが可能です。会いに行ったり、Zoom 等のオンラインミーティングを使ったりして、直接話を聞くこともできるでしょう。PR の観点で言えば、自分がやりたいという思いをわかりやすく伝えることや、やりとりをする中で相手から信頼を得ることが重要です。また、自分たちに合わない人とはうまく距離を取ることも、必要になるでしょう。最初は勝手がわからないかもしれませんが、コミュニケーションを重ねていくうちにつながりを作る方法がわかってくるはずです。

　活動が本格化する中で、PR をさらに進めるために専門家の力を借りることが必要になるかもしれません。ロゴマークを作ったり、看板やポスターを作ったり、ホームページを整備したり、PR 動画を作っ

たり、アプリを作ったりすることが考えられます。資金があればプロに頼んでもいいでしょうし、「クラウドソーシング」という方法やプロボノに頼むという方法もあります。

　クラウドソーシングというのは、ネットを使って外注（アウトソーシング）するという意味で、プロの企業等に頼むより安価に仕事を頼めることがあります。代表的なサービスとしては「クラウドワークス」というサイトがあり、システム開発、ホームページ制作、ネットショップ構築、デザイン、写真・画像・動画作成、記事作成等を依頼することが可能です。

　プロボノというのは、専門家が専門性を活かして社会貢献するボランティア活動のことです。無料あるいは実費以外無報酬で専門性の高い仕事を引き受けてもらうことが可能です。知り合いを通じてプロボノをしてくれる人を探してもよいでしょうし、「シェアワークス」などのプロボノマッチングサイトを使ってプロボノを探すことができます。

　このように業務を依頼する際にも、依頼相手との間で適切にコミュニケーションをとり、自分たちの意図を理解してもらって適切に業務を進めてもらえるようにしなければなりません。ここでも、コミュニケーションを通じて良好な関係を築くという意味でのPRが重要となります。

　資金調達が必要になることもあるはずです。もちろん銀行や信用金庫から融資してもらうことも可能で、NPO向けの融資をしている銀行等もあります。他方、ネットを使う資金調達の手法には、「クラウドファンディング」があります。これは、ネットで寄付を募るもので、「キャンプファイヤー」や「レディフォー」というサイトを使うと多くの人に見てもらうことができます。何かを作る資金を調達するのであれば、寄付者に製品等を販売する形で資金を得る「購入型」のクラウドファンディングが使えます。社会貢献等の資金が必要なのであれば、対価性のない形で寄付を募集する「寄付型」のクラウドファ

ンディングが使えます。いずれにしても、資金を出してもらう以上、寄付者との間で適切にコミュニケーションをとり、気持ちよく協力してもらえるような関係を構築する必要があります。ここでも、PRが重要になるのです。

イベントを行うのにも、ネットのサービスが活用できます。イベントの宣伝自体はSNSやホームページを使って宣伝するのがよいでしょうが、イベントの申込受付や参加費の集金には専用のサービスを利用すると便利です。たとえば、Peatixというサイトは、対面にもオンラインにも対応できるイベント受付サービスを提供していて、無料イベントなら無料で利用でき、有料イベントでも安価な販売手数料がかかるだけで集金をしてもらうことができます。このようなサービスを活用すれば、やり方次第で多くの人に参加してもらえるイベントを実施することができます。

なお、現状では、報道機関に取り上げてもらうためにはネットでのコミュニケーションだけでは不十分です。報道機関に情報を流す際には、「プレスリリース」と呼ばれる文書（基本的にA4判1枚＋添付資料）を送付するのですが、知っている記者等がいない場合には、各報道機関に電話で連絡してからメールもしくはFAXで文書を送るのがよいようです。また、記者会見を行う場合には、都道府県庁等にある記者クラブに電話をして記者会見を設定してもらわなければなりません。取材を受ける場合にも、基本的には直接話すことが必要です（ただし、新型コロナ禍以降はZoom等でのオンラインでの取材も増えています）。いずれにしても、電話をしたり直接会ったりといったコミュニケーションが必要になります。

さらに、自分たちの活動を進める中で、法律改正などの政治的意思決定が必要となる場合があるでしょう。いわゆる主権者教育ではともすると投票に行くことばかりが強調されますが、ここではより本格的に、民主主義社会の主権者として政策決定にどのように関与するかを考えなければならないことになります。この場合、対面やネットで署

名を集める等して味方を作った上で、国会議員等に働きかけて政策を実行してもらうことが必要です。オンライン署名サイト「change.org」などを使って署名を集めることが可能です。そして、**アドボカシー（政策提言）**の支援をしているNPO等もありますので、そうした団体に相談しながら効果的に政策を実現していくことを考えることになります。こうした活動においても、当然PRが重要です。

　以上のように、何らかの目的をもってコミュニケーションをとる場合には、ネットを中心に電話や対面も含め、さまざまな人々とコミュニケーションをとることになります。ネット社会の担い手になるには、本来、こうした経験が必要であると思われます。学校における総合的な学習の時間（高校では総合的な探究の時間）、部活動、児童生徒会活動等でも、教員の指導のもと、このような形での活動を児童生徒中心にできると、児童生徒の情報活用能力が高まるはずです。

＃ 著作権・肖像権の今

　事業を起こしたり政策を提言したりというと、ややハードルが高く感じられるかもしれません。しかし、ネット社会に参画するあり方は、もっと身近にもあります。それは、動画等を発信することです。

　YouTubeやニコニコ動画のような動画投稿サイトに投稿する人は多く、YouTuberとして生計を立てている人やゲーム実況配信を行う人もいます。バーチャル・ユーチューバーを意味する「VTuber」として自分の顔をアニメーションにして動画を配信する人もいます。TikTokのように、10秒前後の短い動画を投稿する人もいます。Instagramに凝った写真や動画を投稿する人もいます。ツイキャスや17Live（イチナナライブ）等でライブ配信をする人もいます。

　スマホが普及し、カメラが高機能化するとともに映像や音声を扱うアプリも増え、誰でも手軽に動画等を発信することができるようになりました。その是非はともかく、「夢はユーチューバー」という子どもが多いことも話題になります。他方、YouTubeやInstagramは利

用規約においてアカウントを作れるのは13歳以上と定められており、明らかに13歳未満である小学生などが顔を出して発信している様子を見ると、トラブルが心配になります。

　ここでは、このような動画等の発信が多くなっている中での、著作権や肖像権の問題について考えてみたいと思います。

　まず、関連する法律を確認しておきましょう。著作権については**著作権法**という法律があり、基本的にこの法律を確認しておく必要があります。他方、肖像権については、直接的に定められている法律がなく、法律上の問題は、関連しそうな法律が根拠になって論じられることとなります。

　まず、肖像権関連の法律について確認しておきましょう。肖像権というのは通常、自分の顔などを他人からみだりに撮影されたり、自分の顔が写っている写真等をみだりに使用されたりしない権利のことと言えます。基本的に、憲法上の幸福追求権、人格権、財産権などと関連づけて扱われます。

　肖像権は分類すると「**プライバシー権**」と「**パブリシティ権**」の二つに分けて考えられます。「プライバシー権」は、私的な生活について撮影されたり公表されたりしない権利、あるいは自分に関する情報を勝手に使われたりしない権利であり、ストーカーや名誉毀損等の被害に遭わないようにするために重要と考えられるものです。「パブリシティ権」は、タレントなどが、財産的価値があるはずの自分の顔写真等を勝手に使われない権利ということです。なお、テレビや新聞の報道においては、人々の知る権利につながる取材・報道の自由が肖像権より優先すると考えられる場合が一般的で、相手の許可を得ずに撮影や公表がなされることがあります。他方情報番組やドラマなどの場合には報道ではないので、誰かの写真等を使用する際には許可を取ることが一般的です。

　ネットでの発信に関連しては、他人の写真等を本人の許可なく撮影しないことや他人が写っている写真等を本人の許可なく公表しないこ

とが求められます。タレントの写真等が無断で使用された場合には、タレントの肖像権を侵害していることとなり、民事で損害賠償請求の対象になることがあります。なお、他の人が撮影した写真等の場合には、撮影者の著作権も問題になります。

　肖像権については直接規定する法律がないこともあり、どこまでが保護されるかは曖昧です。SNSのアカウントの写真をタレントなどの顔写真にしている人がいますし、イベントやライブで撮影したアイドルの写真をSNSで公開している人がいますが、タレント等の側が黙認していたり、撮影や公開を明示的に許可・推奨していたりする場合もあります。他方、撮影禁止の場所で撮影したり、写真等を売って利益を得たりしようとしたりする人に対しては、厳しい対応がなされることがあります。撮影や公開が許されているのかを判断することが必要です。また、学校の友人等を撮影したり、写真等をSNS等に載せたりする際には、当然友人等に許可を得ることが求められます。勝手に撮影したり公開したりした場合には、肖像権の侵害というよりはいじめとして問題となることが考えられます。

　次に著作権について見ましょう。著作権を端的に言えば、**著作物を第三者にみだりに利用されない権利**のことです。著作物とは、「思想又は感情を創作的に表現したものであつて、文芸、学術、美術又は音楽の範囲に属するもの」（著作権法第2条）と定義され、以下の物が著作物の例として挙げられています（著作権法第10条1項）。

　一　小説、脚本、論文、講演その他の言語の著作物
　二　音楽の著作物
　三　舞踊又は無言劇の著作物
　四　絵画、版画、彫刻その他の美術の著作物
　五　建築の著作物
　六　地図又は学術的な性質を有する図面、図表、模型その他の図形
　　　の著作物

七　映画の著作物

八　写真の著作物

九　プログラムの著作物

　私的利用のための複製、論文等における引用、学校の授業等での使用（学校が補償金を支払うことを条件に、ネットで配信する場合も含まれることとなりました）、営利を目的としない上演等、著作権法で例外措置が定められている場合には、第三者が他者の著作物を無断で使用することができます。逆に言えば、例外措置が定められていない場合においては、第三者が他者の著作物を使用する際に、著作権者の許諾を得る必要があります。無料で利用できる場合もあれば、所定の使用料を求められる場合もあります。

　インターネット時代となり、著作権法の改正が繰り返し行われており、著作権の扱いは大きく変わっています。重要な点を確認しておきましょう。

　第一に、**音楽や動画等の著作権侵害**については厳しい対応が進み、関連業界でもさまざまな取り組みがなされています。インターネット上で、音楽、動画、漫画等を不正に配信し、広告収入や利用料金を得ようとするサイト等が摘発されるケースが目立っています。著作物が不正に配信されることが常態化してしまうと、著作権者に入るはずの収入が得られず、著作物を作り続けることが困難になってしまいます。このため、著作権法が改正され、不正にネット上にアップロードされた音楽や動画を、不正にアップロードされたものと知りながらダウンロードする行為が違法とされるとともに、有料の音楽や動画についてはダウンロードする行為を刑罰の対象とすることとなっています。また、音楽業界や映画業界でも著作権に関する啓発を進めるとともに、個々の音楽等を販売する方法だけでなく、定額制配信サービス（サブスクリプションサービス）を充実させる等して、利用者が音楽等をルールを遵守して利用しやすい環境整備を進めています。

　第二に、**動画投稿サイトと著作権管理団体との間での連携**が進み、一般の人が動画等を投稿する際に著作物の利用が円滑にできるようになっています。既存の曲を自分で歌ったり演奏したりした動画をYouTube等で公開している人がいますが、こうした行為はYouTubeとJASRAC等の著作権管理団体との間の契約によって許されるものとなっています。具体的には、CD等の音源を使うのでなく自らが演奏する、特定の企業や商品・サービスを宣伝するものではない等の一定の条件を満たせば、動画投稿者はいちいち許諾を得ることなく動画を公開することが認められるようになっています。また、TikTokでは、一部のレコード会社との間で音源の利用についても契約を結んでおり、アプリ上で選べる楽曲であれば音源をそのまま利用することも問題ありません。こうした取り組みがなされているため、「歌ってみた」や「踊ってみた」等、既存の楽曲を利用した動画の投稿が可能となっています。なお、こうした利用はサイトと著作権管理団体等との契約がなされている場合にのみ可能なので、一部のサイトでは許されていることが他のサイトでは許されないこともあることに注意が必要です。たとえば、Twitterは著作権管理団体等との間でこうした契約を結んでいないので、Twitterに既存の曲を自分で演奏した動画等をアップロードすると著作権侵害となってしまいます。

　第三に、動画投稿サイトにおいて、**利用者と著作権者の両方の利益が損なわれにくくする仕組み**が整備されつつあります。代表的なのはYouTubeの取り組みです。YouTubeには「Content ID」といって音楽や動画を識別する仕組みがあります。動画や音楽をContent IDに登録した著作権者は、その後投稿された動画の中にその動画や音楽が使われた場合に、動画全体をブロックする、動画に広告を掲載して収益化する、とりあえず動画の公開を認めその動画に関する統計情報を追跡するのいずれかを選択することができます。投稿された動画にContent IDと一致する部分があった場合には、投稿者にそのことが知らされ、当該部分を削除した形で公開するか、広告収入を著作権者

に入れることを条件に公開するか等の選択が求められます。この仕組みによって、著作権者にとっては自分に入るはずの利益を得ることが可能となり、投稿者にとっては知らず知らずのうちに著作権侵害をしてしまうことが防げることとなります。

　子どもたちがネット社会に参画していくにあたり、著作権や肖像権の扱いはさまざまな場面で問題となりえます。法律上の扱いや関係者の取り組み等をふまえて、適切に著作権や肖像権を扱えるようになることは、ネット社会への参画において重要なステップとなるはずです。

＃ デジタルシティズンシップ教育の、その先へ

　「デジタルシティズンシップ」という考え方があります。これは、情報社会の一員として、適切に行動できるための規範というような意味の言葉です。ネット社会の担い手となる子どもたちの育成で目指すべきは、この「デジタルシティズンシップ」の育成ということになるでしょうか。

　もちろん、デジタルシティズンシップの育成という考え方は重要です。しかし、「デジタル」だけを分ける意味は、なくなりつつあるようにも思われます。現代の社会において、すでにデジタルはさまざまな場面において重要な位置を占めており、デジタルとアナログ、あるいはネットとリアルを分けるという考え方自体がもう古いものとなりつつあるように思われます。

　この状況にあって私たちが目指すべきは、デジタル技術がさまざまな場所で使われている市民社会に参画するための規範としての、「(新たな) シティズンシップ」の育成であるはずです。

　では、この新たなシティズンシップとはどのようなものなのでしょうか。

　20世紀前半の2度の世界大戦を経て、日本を含む先進国は民主主義的で人権が保障される政治制度を確立し、資本主義社会の発展とと

もに基本的な生活インフラを整え、多くの人が安全に安心して生活できる社会をかなりのレベルで構築することができています。21世紀になった現在、そうした社会の中でまだ解決ができていない諸問題への対応が重要な課題となっています。すなわち、社会全体の発展よりも諸問題の解決が重要な社会課題となっており、私たちは言わば「**問題解決社会**」を生きていると言えます。

　私たちが解決すべき諸問題のうち世界共通の課題は、**SDGs**という形で整理されています。SDGsは、持続可能な開発目標（Sustainable Development Goals）のことで、2015年に国連総会で2030年までに達成すべき行動指針として採択されたもので、以下の17項目から成ります。

　こうした課題の解決に向けて、世界中でさまざまな人々が活動しています。企業の活動も、こうした課題の解決に配慮するのはもちろん、こうした課題の解決に貢献する仕事がむしろ求められていると言ってもよい状況にあるのではないでしょうか。

　もちろん、私たちの社会が抱える課題は、こうした世界共通のもの

ばかりではありません。もっと**ローカルな課題**も多々あります。

　日本の多くの地域では、人口減少の問題を抱え、地域活性化をどうするかという課題の解決が求められています。全国的に少子化で人口減少が進んでいるので、人口減少を食い止めることは容易ではありません。しかし、観光需要等で地域を訪れる人を増やすとなれば話は別です。全国にさまざまな事例があります。

　千葉県大多喜町に本社を置く「いすみ鉄道」は、JR線が第三セクター化したローカル鉄道で、鉄道離れや少子化で乗客が減り、存廃の危機に陥っていました。2009年に公募でいすみ鉄道の社長となった鳥塚亮さんは、周囲に大きな施設等が何もないことを逆手にとった「ここには、『何もない』があります。」というキャッチコピーを掲げ、ムーミン列車、レストラン列車、夜行列車等、鉄道ファンを中心とした熱心なファンの獲得に成功して、存廃の危機を脱しました。鳥塚さんが社長を退いて以降も、いすみ鉄道では新型コロナ禍でSNSでの発信を続け、テレワーク用の列車を走らせる等のユニークな取り組みを進めています。

　北海道えりも町では、昆布工場を経営する「ふじた」さんとお友達の「たなか」さんが中心となって「青春☆こんぶ」という漫画をウェブ上で公開。お二人がSNSや漫画関連イベントを通してさまざまな人たちとつながりを持ち、「青春☆こんぶ」の取り組みが各所で注目されるようになりました。「青春☆こんぶ」の取り組みは、いわゆる「萌えキャラ」を活用した地域活性化を意味する「萌え起こし」の事例として知られています。

　京都府向日市には、「京都激辛商店街」という取り組みがあります。「商店街」といっても、物理的に商店が並んでいるというよりは、激辛商店街に加盟している飲食店等が点在している印象です。向日市は小さい市で町おこしをしようにもなかなか材料がなく、「なかったら作ればいいやん」という発想で生まれたのが「激辛商店街」でした。辛いものを提供する飲食店等が加盟し、「KARA-1グランプ

リ」という辛いもののコンテストを毎年実施する等の活動を進め、人気を博しています。

　以上は私が直接お話を聞かせていただいた事例ですが、全国にはもっとさまざまな事例があるはずです。こうした事例では、SNS等を介して一部の人に話題が広がり、地域を熱心に応援するファンの獲得に成功しています。SNSという仕組みがあることで、こうした取り組みを、潜在的にファンになりそうな人に伝えることが容易になっており、ファンを獲得して地域の取り組みを持続可能なものとすることが可能になっていることがわかります。

　現代の社会は、グローバルなレベルとローカルなレベルで、さまざまな動きが相互に絡み合いながら、問題解決が進められている社会だと言えます。SDGsのような世界規模の目標に向かって問題解決が進められている一方で、SNS等を活用したローカルな問題解決が可能となっています。

　このことは言い方を変えれば、「プラットフォーム」ということと関係があります。

　「プラットフォーム」とは、舞台や駅のホームなど、平面に設置された盛り上がった平らな台という意味です。ネット社会に関わる文脈では、その上でさまざまなプログラムやサービスが動く環境のことを言います。たとえば、次のようなものをプラットフォームと呼ぶことができます。

○ Windows や iOS（iPhone の基本ソフト）、Android 等の、コンピュータやスマートフォン向けの基本ソフト（このソフトの上でさまざまなアプリが動く）
○ Google、Yahoo! 等の検索サービス（この上でニュース、カレンダー等の多様なサービスが展開され、ネット広告も掲載される）
○ Amazon や楽天等のオンラインショッピングモール（この上でネットショップが動く）

- App Store 、Google Play 等のアプリストア（この上でアプリの配信ができる）
- Facebook 、Twitter 等の SNS（この上で個人や組織が情報発信できる）
- 楽天トラベル、じゃらん等の旅行サイト（この上で旅館・ホテル等が宿泊予約をとれる）
- メルカリ等のフリマアプリ（この上で個人間の商取引ができる）

　ネットを活用したビジネス等の取り組みは、ネット上に作られたプラットフォームに乗って行われることが多いことがわかります。言い方を変えれば、プラットフォームを作る仕事をしている一部の企業と、プラットフォームに乗って仕事をしている多くの企業・団体あるいは個人とに分かれて、さまざまな取り組みが展開されていると言えます。

　このように考えれば、今後求められるシティズンシップとは、プラットフォームを開発・発展させてさまざまな問題解決に貢献することや、プラットフォームを活用して自分たちが直面している問題解決を進めることができること、ということになるのではないでしょうか。

　日本では、子どもたちのインターネット利用が私的な娯楽やコミュニケーションにばかり偏っていて、こうした意味でのシティズンシップの育成は全くといっていいほど進んでいません。しかし、芸能人に対する SNS での中傷の問題、諸外国と比較した情報活用の機会の少なさの問題、社会問題に対する無力さ等を通して、必要なシティズンシップの育成が進んでいないことは少しずつ露呈しています。スマホ利用に伴う問題をどう防ぐかばかりに目を奪われず、本来どのようなシティズンシップを育成する必要があるのかを、考えなければなりません。

§6　スマホ時代の「お金」の問題

6

スマホ時代の「お金」の問題

＃ ネットショッピングやゲーム課金のわかりにくさ

　全国の消費生活センター等には、ネットを通した子どものお金のやりとりの問題についての相談が多く寄せられています。オンラインゲームや動画配信サービスの課金、アダルトサイトや出会い系サイトの利用、健康食品や化粧品の購入、洋服等の購入、コンサートチケットの転売、フリマアプリでのトラブル、情報商材の購入、保護者のクレジットカードの利用等、さまざまな話題での相談があります。数万円から数十万円くらいの被害額が生じている例が多いようです。

　こうした問題の背景には、ネットでのお金のやりとりのわかりにくさがあります。このことは、小売店において現金で商品を購入することと比較すれば明らかです。

　小売店において現金で商品を購入する場合、基本的には同じ価値を持つモノとモノとを交換するものとして理解がなされます。たとえば、100円のドリンクを買うのに100円玉1枚を渡すのは、ドリンクと100円玉という等価値に見えるもの同士を交換することとして理解が可能です。

　商品でなくサービスを購入する際にも、電車の切符やテーマパークの入場券のような券を買うという形を取る場合には、紙幣や硬貨といったモノと券というモノとを交換するものとして理解が可能です。モノとモノとの交換に見えないのは、子どもの周囲では、美容院代や病院の診察費等に限定されます。

　以上のように、子どもが経験するネット以外でのお金のやりとりは、基本的に、紙幣や硬貨といったモノを、等価の別のモノと交換するもののように見えます。モノとモノとのやりとりなので、次のような特徴があります。

○ 基本的に、お金を渡すのと商品を受け取るのは**同じ場所、同じタイ
  ミング**でなされ、前払いや後払いの必要はない。よって、貸し借り
  が生じる必要もない。
○ お金があれば商品を買え、お金が足りなければ商品は買えない。**手
  持ちのお金の範囲内でしか商品が買えない**ことが明確である。

　これらは当たり前のことのように思えるかもしれませんが、ネット
が発達する前から、企業間の取引やお得意様相手の商売等では事情が
違いました。「つけ」にしたり約束手形を発行したりするのは後払い
ということであり、手元にお金がなくても商品やサービスを購入でき
るということでした。また、ネットでSNS等が使われるようになる
前からクレジットカードは使われており、クレジットカードでも代金
後払いで手元にお金がなくても商品等の購入が可能でした。
　また、モノとモノとの交換としての取引には、次の特徴もあります。

○ お金を払えば、その分、お金が減る。つまり、新たに収入を得ない
  限り、持っているお金と使ったお金の合計は一定である。
○ 商品を買えば、お店からその分の商品が減る。お店が新たに仕入れ
  ない限り、お店が持っている商品と客に売った商品の合計数は一定
  である。

　モノとしてのお金や商品には、こうしたエネルギー保存の法則なら
ぬ**総量保存の法則**が成り立ちます。
　さらには、次のような特徴もあります。

○ ある国の中でお金は基本的にどこでも同じように使える。

ネットでのお金のやりとりでは、こうしたネット以前のモノとモノとのやりとりの特徴は基本的に失われています。

　まず、ネットでお金を払う場合、商品やサービスを受け取るのと同時ということは基本的にありえず、**代金前払いもしくは後払いとなります**。このことは、一時的に売る側や買う側に債務や債権が発生することを意味します。このことは、手元にお金がなくてもお金を使うことができるということをも意味します。

　次に、**総量保存の法則は成り立ちません**。消費者側には、ポイント付与やキャッシュバック等があり、お金を使ってもその分が単純に減るとは限りません。また、売られるものが音楽や動画、ゲームのアイテム、情報商材等の場合、単にデータが複製されて送付されるだけですので、売る側ではいくら売っても商品の在庫が減ることはありません。

　そして、ネットでの**決済手段は多様**であり、どこでも同じ手段が使えるとは限りません。特に、電子マネーやポイントはさまざまな商品・サービスの購入に使えますが、特定のプラットフォーム上でないと使えません。

　以上のように、ネットでのお金のやりとりは大変複雑でわかりにくいものです。モノとモノとの交換とみなせる現金取引と比べると、理解して使いこなすことが大変困難です。

　消費生活センターに寄せられる相談は、こうしたネットでのお金のやりとりのわかりにくさによるものが多いと言えます。オンラインゲームでの課金が問題になるのは、買っているものがゲームのアイテム等モノとしての感覚が乏しいモノである上に、代金後払いで購入可能なので自らの支払い能力を超えて購入してしまうということが起こりやすいからと言えるでしょう。アダルトサイトや出会い系サイトの利用が問題となるのは「ワンクリック詐欺」等、申し込んだつもりがなくても申し込んだことにされてしまうということですが、購入のタイミングがわかりにくいこと、後払いが可能であり債権が発生しうるこ

と等が関わっていると言えます。健康食品や化粧品の購入に関して、知らないうちに継続利用の契約になっている場合がありますが、これもモノとモノとの交換ということを超えた長期契約が可能となっていることから生じることと言えます。

　ネットでお金のやりとりをするということには、こうしたわかりにくさがあります。ともすると大人はこうしたことをあまりわかりにくく感じないかもしれませんが、子どもにとっては一見いくらでもほしいものを手に入れられそうに見えてしまうことに注意が必要です。トラブルを防ぐためには、モノとモノとのやりとりに見えない取引を最初は避け、「お金を払うとその分だけほしいモノをもらえる」という範囲に限定してお金を使わせるしかないでしょう。

＃ 情報の対価としての行動ターゲティング広告

　ネットを利用している人には、何も買っていなくても、企業が利益を得るためのターゲットとされている面があります。それは、広告を見せられるということです。

　広告自体は、新聞や雑誌、テレビやラジオでも使われてきました。読者や視聴者等が見る広告を載せることによって、メディアは対価としての広告収入を得てきたわけです。こうした従来型の広告では、広告を見る人について一人ひとりの行動が追われることはありませんでした。

　しかし、ネットの場合、広告を見る人一人ひとりの行動を追うことが当たり前のように行われています。象徴的なのが、**行動ターゲティング広告**です。広告を見る人一人ひとりの行動履歴を収集し、ターゲットをその人に合わせて広告を見せる手法です。サイトに登録した年齢、性別、居住地等の情報、スマホのGPSでからわかるその人の行動範囲、閲覧するページの傾向、購入した商品の傾向等から、その人に対してどのような広告が効果的かを推定した上で、そうした広告を表示するのです。当然ながら、行動履歴があればあるほど、その人の

関心を精緻に推定することが可能となり、広告の効果が上がります。行動ターゲティング広告を出す会社は、なんとかして利用者の行動履歴を収集しようとします。新聞やテレビと異なり、ネットでは個人の情報を集めた上で広告が表示されるのです。

　もちろん、相手の許可なく個人情報を収集したり利用したりすることは、個人情報の不適切な利用となりかねません。このため、行動履歴に関する情報を収集しようとする会社は、利用者の許可を得て個人情報を収集しようとします。たとえば、スマホ（特に Android スマホ）に新しいアプリを入れようとすると、スマホ内のさまざまな情報を利用することの許諾を求められる画面が出る場合があります。位置情報や連絡先や写真等の情報の利用を許可すると、そうした情報が使われることとなります。最悪の場合、情報を抜き取ることを目的としたアプリを入れてしまい、連絡先のリストを吸い上げられ、名簿業者等に売られるということも考えられます。

　ネットには、無料で閲覧できるサイトや無料で利用できるアプリがいくらでもありますが、営利目的でそうしたサイトやアプリが提供されているのであれば、**収入源が何か**を考える必要があります。広告が収入源である場合、テレビや雑誌の広告とは異なり、自分の行動履歴をもとに自分向けに調整された広告が表示されていると考えられます。そして、自分の行動履歴に関する情報が、もしかしたら転売されているかもしれません。無料で情報を見ることの対価が、こうした広告を見せられることや個人情報を利用されることだと言えます。

　似たようなことは、さまざまあります。Amazon などのサイトを見ていると、「あなたにおすすめの商品」などが表示されますが、これは購入履歴や閲覧履歴に基づいて表示されるものです。広告ではないものの、行動によってターゲティングされたリコメンド（おすすめ）ということになります。

　こうしたことを見ると、自分の個人情報がさまざまな形で使われてしまい、気味が悪いと感じられるかもしれません。しかし、ネットで

商品の購入等の経済活動を行えば、ネットで自分の個人情報が使われることを避けることは困難です。連絡先を吸い取って売るようなアプリを入れないよう注意することは必要だとしても、一般的なネットショッピングサイト等を使わないようにするというのはあまりにも不便です。現実には、ある程度個人情報が使われてしまっていることを前提に、ネットを利用するしかありません。このためにも、パスワードの使い回しをしない、2段階認証（認証時にメールやショートメッセージで連絡が来る）のあるサービスを使う等、被害が生じにくいようにすることが重要と考えられます。

　行動ターゲティング広告とは異なり、**謝礼を出して行動を促す仕組みもあります**。たとえば、広告を見ることによって謝礼が出される場合もあります。「クリックで1ポイント」「動画視聴で2ポイント」と、買い物等に使えるポイントが得られるサイトがあります（たいてい、1ポイント＝1円の価値があります）。商品やサービスのレビューを書くことでポイントが得られるサイトもあります。広告を見させたり、宣伝になるようなレビューを書かせたりして、謝礼を出すシステムです。他にも、アンケートに回答することでポイントがもらえるサイト等、謝礼がもらえるサービスはさまざまあります。

　広告を見て1円相当あるいは2円相当の謝礼がもらえるということは、1人が広告を見ることに1円あるいは2円以上の価値が認められているということを意味します。また、レビューを書くことやアンケートに回答することで謝礼がもらえるということは、誰かがレビューを書くことやアンケートに回答することにそれなりの価値が認められるということです。1回あたり1円から数円分の謝礼が**インセンティブ**（動機付け）となって、行動が促されているわけです。

　このように、企業はネットを使って、情報収集や販売促進のためにさまざまなことを行います。ネットで情報を見たり商品やサービスを購入したりすることは、良いか悪いかはともかくとして、企業のこうした取り組みに関与することでもあります。現状では学校でこうした

ことを学ぶ機会は少ないかもしれませんが、どこかでこうしたことを
子どもたちが学ぶことが必要ではないでしょうか。

＃ 子どもはキャッシュレス経済をどこで学ぶのか

　お金のやりとりに関する変化は、ネットの中だけにとどまらず、コンビニなどの実店舗においても進んでいます。いわゆる**キャッシュレス経済化**です。

　クレジットカードや非接触型ICチップによる電子マネー（Suica、PASMO、楽天Edy、nanaco、WAON等）は以前からありましたが、近年はこれに加えて、PayPay、LINE Pay、d払い、au Pay等のQRコード決済が多く使われるようになっています。政府も、2019年秋の消費増税に合わせてキャッシュレス還元を行う等して、キャッシュレス経済化を促進しています。

　電子マネーやQRコード決済は、一見わかりづらそうですが、現金での買い物にかなり近い形で使うことが可能です。かつて「おサイフケータイ」という言い方があったように、電子マネーやQRコード決済は、スマホを財布に見立てて使うことができます。すなわち、財布にお金を入れておくように、スマホに電子マネーやQRコード決済のお金を「チャージ」しておき、財布の中のお金を使うようにチャージしてあるお金を使うことができます。チャージは、銀行口座からオンラインで入金したり、コンビニ等の店頭で現金でチャージしたり、クレジットカードからチャージしたりすることが可能です。クレジットカードからのチャージとなると実質的に後払いとなりわかりにくさが生じますが、銀行口座からの入金や現金でのチャージの場合には財布にお金を入れるのと似た感覚で使うことができます。

　実店舗でのキャッシュレス決済はネットでの取引に似ているように思われるかもしれませんが、子どもが利用するという前提で考えると、上記のように財布と同様に使えるという点で、実店舗でのキャッシュレス決済の方が圧倒的にわかりやすいと考えられます。

　現金の管理は店舗にとっても消費者にとっても、負担がかかります。現金は盗難や紛失の被害に遭いやすく、取引の記録も自動的には残りません。釣り銭や両替の手間もかかります。そして、新型コロナ禍の状況をふまえれば、菌やウイルスを付着させる可能性があり、衛生的にも難があります。電子マネーやQRコード決済であれば、たとえスマホの盗難や紛失があっても利用を止めることが可能ですし、取引の記録も残ります。釣り銭や両替の問題は一切ありません。衛生的にも問題なしです。

　もちろん、電子マネーやQRコード決済にも不便な点はあります。使える店舗が限られていること、現金に戻すことが基本的にできないこと、利用者同士の送金ができない場合があること、スマホのバッテリーが切れたりスマホが故障したりした場合には基本的に使えないこと等です。こうしたことがあるため利用者は二の足を踏みやすく、事業者や店舗さらに政府はポイント還元等を行い、利用者が「お得」に使えるようにしてなんとか使ってもらおうとしています。

　店舗側の現金管理のコストの問題を考えると、コンビニ等では今後さらにキャッシュレス化が進むと考えられます。すでにキャッシュレス決済専用のセルフレジは多くの店舗に設けられていますし、決済を自動化する無人店舗の実験も進められています。子どもたちも否応なく、キャッシュレス決済に慣れていくでしょう。

　こうしたことをふまえると、小学校低学年あたりでキャッシュレス決済について子どもが学ぶ機会が設けられる必要があるように思われます。当面はスマホでのキャッシュレス決済のみを前提にすることは困難でしょうから、Suica等のカード型の電子マネーなどを取り上げて、なぜカードやスマホでモノが買えるのか、ピッとタッチするだけでお店の人は困らないのか等の問題を扱い、お金の形は貨幣や紙幣の形だけではないということを理解し、適切に使えるようにすることが必要ではないでしょうか。

　なお、キャッシュレス決済をめぐっては、2019年7月に「セブン

ペイ」が大量に不正利用された件をはじめ、これまでに事故があり、安全性が問題になることがあります。電子的なシステムである以上、不正ログイン等による被害が起こる可能性をゼロにすることはできないと考えるべきです。ただし、キャッシュレス決済においては取引の履歴を後でたどることができるので、一般消費者が深刻な不利益を被ることは避けやすいはずです。不正利用があった場合に、決済会社が補償する仕組みが整えられることによって、利用者が安心して利用することが可能となります。不正利用があることを考えても、履歴をたどることが難しい現金決済と比較すれば、相対的にキャッシュレス決済の方が安全性が高いと言えます。子どもがキャッシュレス決済について学び、使いこなせるようになることが求められる時代になってきたのだろうと考えられます。

＃ フリマアプリが目指すエコ社会の光と影

スマホが作り出した新しい経済の形に、フリマアプリによる CtoC 経済があります。

フリマアプリとは、「フリーマーケット」（蚤の市）のように、一般の人々が不要になった物等を売る場をネット上に作っているアプリです。メルカリやラクマといったサービスがあります。CtoC というのは、一般消費者（Consumer あるいは Customer）から一般消費者へという意味で、BtoC（企業・組織を意味する Business から一般消費者へ）や BtoB（企業・組織同士）と対比されて使われる言葉です。

CtoC サービスにはこれまでも、「ヤフオク！」（Yahoo! オークション）のようなオークションサイトがありました。オークションサイトでは入札期間中に最高額の取引価格を提示した人が購入するのに対して、フリマアプリでは売る側がつけた値段で早い者勝ちで取引がなされます。オークションとフリマでは、それぞれ向いている品物があるようで、今ではヤフオク！でもオークション取引とフリマ取引が選べるようになっており、フリマ取引の広がりがうかがわれます。

　フリマアプリの市場を作った最大手のメルカリには、人々の行動を大きく変えるようなインパクトがありました。スマホのアプリとしてスタートしたメルカリによる取引には、圧倒的なスピード感と手軽さ、安心感があります。家の中で不要な物があり、誰かに使ってもらいたいと思ったとき、スマホでメルカリのアプリを起動して物の写真を撮り、少々の言葉を加えるだけで出品が完了します。そこそこニーズがある物を適正価格で出品した場合には、数分から1時間くらいで購入希望の連絡が来て、コンビニなどから発送し、2～3日後には相手から受取確認があって取引完了。売り上げは手数料10%を引いた額が「メルペイ」の形で入金され、メルカリでの購入やコンビニの買い物等で利用できるほか、銀行に出金することも可能です。

　CtoCというと入金されない、商品が届かない、商品が期待したものと違っていた等のトラブルが心配ですが、メルカリにはこうしたトラブルをかなりの程度防ぐ仕組みがあります。その基本には、代金をいったんメルカリ側が預かる**「エスクロー方式」**があります。エスクロー（escrow、日本語では「預託」）とは、取引の際に第三者を仲介させる方式を意味します。取引の契約が成立したら、まず買い手が代金をメルカリに支払うので、買い手が代金を支払わない心配は無くなります。そして、売り手が品物を買い手に送り、買い手が受取確認すると、メルカリから売り手に代金が支払われるので、届いていないとか品物が違うという場合には売り手に代金が支払われません。このように、エスクロー方式によって、入金されない、商品が届かない、商品が期待したものと違っていた等のトラブルは基本的に防止できます。

　また、CtoCでは偽ブランド品や薬物等の違法あるいは不適切な取引が懸念されますが、メルカリでは以下のような物（一部だけ示しています）の出品を禁止していて、AIを活用する等して禁止されている出品物ではないかのチェックをしています。そして、警察等の専門機関等と連携し、規則違反の出品等への対応を進めています。

○偽ブランド品、正規品と確証のないもの

○盗品など不正な経路で入手した商品

○犯罪や違法行為に使用される可能性があるもの

○使用済みのスクール水着、体操着、学生服類など

○医薬品、医療機器

○許可なく製造した化粧品類や小分けした化粧品類

○安全面、衛生面に問題のある食品類

○たばこ

○現金、金券類、カード類

○チケット類

○ゲームアカウントやゲーム内の通貨、アイテムなどの電子データ

○サービス・権利など実体のないもの

○手元にないもの

　このように、使い勝手がよく一定の安全性が確保されているメルカリは急成長し、いらなくなった物はメルカリで売るという生活スタイルをとる人が多くなっています。家で死蔵されていた不用品が有効活用されることとなり、資源が有効に活用されることになると言えます。また、不用品を売却した代金が「メルペイ」という形でコンビニ等で利用でき、新たな消費につながりますし、キャッシュレス経済の発展にも寄与すると考えられます。フリマアプリは、こうした新しい経済のあり方を提案しているものと言えます。資源の有効活用という点で、フリマアプリが目指す社会のあり方はSDGsにも貢献できるものと言えそうです。

　他方、フリマアプリはどうしても個人が収入を得るものなので、問題をゼロにすることは難しいと考える必要があります。品物の状態が悪い等の問題で当事者同士がメッセージで争いになる、値引き交渉に応じなかったことから低評価をされる等の嫌がらせをされる、取引を

進めていたのに連絡が取れなくなる、発送して相手に届いているはず
なのに届いていないと言われる等々、さまざまなトラブルが起こりえ
ます。事務局に相談すれば相応の対応をしてもらえるものの、相手が
顔の見えない個人であることから、トラブルが起こると金銭的な損失
だけでなく精神的な苦痛を受けることがあります。こうしたことは理
解しておく必要がありますし、社会的な経験の乏しい子どもがフリマ
アプリを使用した場合にはこうしたトラブルに遭う可能性が高くなる
ことが考えられるので、注意が必要です。

§7　情報化で学習が変わり、学校教育は姿を変えるのか

情報化で学習が変わり、学校教育は姿を変えるのか

♯ 長期休校で見えた学校教育の価値と課題

　2020年度、小学校で新しい学習指導要領が施行され、新たに**プログラミング教育**が導入されることとなりました。学習指導要領では、「児童がプログラミングを体験しながら、コンピュータに意図した処理を行わせるために必要な論理的思考力を身に付けるための学習活動」としてのプログラミング教育を小学校において定めており、2020年度は小学校プログラミング教育元年として、全国の小学校でさまざまな取り組みが行われることが期待されていました。小学校でのプログラミング教育が契機となり、学校における情報活用が進むことも期待されていました。

　しかし、事態はこうした期待とは異なる形で進むこととなりました。

　2020年2月27日、新型コロナウイルス感染症の感染拡大を受け、当時の安倍晋三首相は全国の学校に対して、春休みまでの休校措置を要請しました。これを受け、全国のほとんどの学校が休校措置をとりました。その後も感染拡大への懸念は消えず、同年4月に政府が緊急事態宣言を出したこともあり、多くの地域・学校で休校措置は継続され、5月くらいまで休校となる地域・学校が多くなりました。

　文部科学省の調査によると、休校期間中に公立学校が課した家庭での学習の内容は、**表3**の通りです。

　休校期間中の学習指導は、教科書などの紙によるものが中心で、動画はある程度活用されていたものの、同時双方向型の**オンライン学習**はあまり実施されていません。学校でオンライン学習のための準備ができておらず、基本的に家庭の回線や端末で対応してもらうしかなかったこと、たとえ回線や端末があっても保護者がついていないとパソ

表3　休校期間中に学校が課した家庭における学習の内容　　　〔設置者数〕

	小学校	中学校	義務教育学校	高等学校	中等教育学校	特別支援学校	設置者単位	（参考）前回値
教科書や紙の教材の活用	1,715	1,742	87	153	20	105	1,794	1,213
	100%	100%	100%	99%	100%	95%	100%	100%
テレビ放送の活用	608	586	41	48	10	39	688	288
	35%	34%	47%	31%	50%	35%	38%	24%
教育委員会等が作成した学習動画の活用	385	407	34	46	10	47	467	118
	22%	23%	39%	30%	50%	43%	26%	10%
上記以外のデジタル教材	591	627	46	79	15	47	721	353
	34%	36%	53%	51%	75%	43%	40%	29%
同時双方向型オンライン指導	138	173	15	72	14	44	270	60
	8%	10%	17%	47%	70%	40%	15%	5%
家庭でも安全にできる運動	1,076	1,047	58	84	15	78	1,180	－
	63%	60%	67%	55%	75%	71%	66%	－
その他	30	22	2	2	0	11	49	145
	2%	1%	2%	1%	0%	10%	3%	12%

※文部科学省「新型コロナウイルス感染症の影響を踏まえた公立学校における学習指導等に関する状況について」2020年6月23日時点。

コン等の利用ができない状況にある子どもが多かったこと等があり、なかなかオンライン学習が進まなかったものと言えます。

　その後、子どもが学校で感染を広げるリスクが低いことがわかってきたこともあり、地域の感染者が増えても学校に対する長期休校の要請はなされなくなっています。それでも、再度の休校措置を想定し、1人1台端末環境を実現する「GIGAスクール構想」が前倒しで実施されることとなり、2021年春には多くの地域、学校の小中学校等で1人1台端末環境が実現しています。

　このGIGAスクール構想の特徴は、1人1台端末が使えるようにすることだけでなく、学校内で各端末が高速インターネット回線に接続されるようにして、クラウド上でデータが管理され、児童生徒はクラウドにあるデータを操作するようになるところにあります。児童生徒側の端末は高性能・大容量である必要はなく、ネットにつながる安価な端末でよいのですが、校内のネット回線は高速・大容量のものでないとなりません。

この「GIGA スクール構想」で実現が目指されているのが、「**個別最適化された学び**」です。1人1台端末の環境では、子ども一人ひとりの学習履歴を「スタディ・ログ」として指導者や子どもたち自身が把握することができます。また、学習内容も一人ひとりに合わせて変えることができ、教科の能力等に応じて一人ひとりが異なる内容の課題に取り組むことが可能になります。そして、指導者は一人ひとりに対してきめ細かい指導を行うことが可能になります。

　近未来の学校においては、「個別最適化された学び」が進み、2章の「＃『スマホでの学習』是か非か」で紹介した Qubena やスタディサプリのように、AI や動画等を活用した教材が個人向けに提供され、子どもたちは一人ひとり自分に合った方法で学習ができるようになるのかもしれません。そうなれば、家庭において子どもたちが「個別最適化された学び」を進めることができるので、たとえ再度の休校措置があったとしても、子どもたちの学習には大きな支障はない、ということになりそうです。

　しかし、多くの人は状況をそれほど楽観視はしていないでしょう。というのは、休校措置中あるいは休校明けの学校での子どもたちの様子を知る人の多くは、子どもたちが学校に通って**集団で過ごすことの価値**を痛感していると考えられるからです。

　長期休校の経験の中で、多くの子どもたちがストレスを感じ、当たり前だった学校に通う生活が貴重なものであったことを再認識したようです。学校に通うことで規則正しい生活ができ、クラスメート等とコミュニケーションがとれ、教職員から心配してもらえます。多くの子どもたちが異口同音にこうした生活の大切さを口にしており、夏休みが短くなってもあまり不満が出ないほどでした。

　もちろん、いじめの被害を受けたり人間関係がうまくいかなかったりして、学校に行けない、あるいは行きづらい子どももいます。家で一人で過ごすことが苦でなく、休校生活がほとんどストレスにならない子どももいるでしょう。しかし、学校に通えないことがストレスだと

感じる子どもが多いことを見過ごすようなことがあってはなりません。

　休校期間中の学校の対応においても、学校から課題を出してやらせるだけの対応は評判が悪く、教師とのやりとりが頻繁になされたり、他の子どもとの関わりができたりする対応の評判がよいようです。休校期間中にどれだけ学習を進められるかに注目が集まりがちでしたが、教師と子どもの間や子ども同士の間でのコミュニケーションをどれだけ充実させるかが重要であったようです。長時間の同時双方向オンライン学習ができない学校でも、短時間の学級活動やお話し会などをZoom等のオンライン会議ツールを使って実施しており、この種の交流が重要だと感じたという教師の話を聞きます。

　休校措置を通して、学校には、子どもが家族以外の人々と一緒に過ごす場としての価値があることが再認識されたと言えるでしょう。そして、休校期間中でも、仮想的にうまく教師や他の子どもと一緒の居場所を作れることが多くの子どもにとって重要だということも確認できたように思います。しかし、このような学校の存在意義はこれまでなかなか意識されることがありませんでした。

　今後、「GIGAスクール構想」が進み、「個別最適化された学び」が進む中で、どうしても個々の子どもたちの違いが強調され、学習を効率化するために個別化が進められることが懸念されます。情報機器やネットワークが、子どもと教師、子どもたち同士が適度に関わる仮想的な居場所の構築に寄与できるようにしていくことが考えられる必要があります。

＃　情報の価値は下がり、体験の価値が高まる

　「個別最適化された学び」について、別の角度から考えてみましょう。

　インターネットの発展やスマホの普及等、社会の情報化が進む中で、私たちが利用可能な情報の量は爆発的に増大しています。何かわからないことがあっても、スマホやパソコンで検索するだけで、多く

のことはすぐにわかります。面倒な計算や簡単な翻訳も、スマホやパソコンがあれば瞬時に終わります。少し複雑なことでも、インターネットで解説してくれる文章や動画を探せば、短時間で理解することが可能になります。

　それどころではありません。読みたい本も、聴きたい音楽も、見たい動画も、その多くはインターネットで探し、必要に応じて数百円から数千円の代金を支払えば、すぐに読んだり視聴したりすることができます。

　要は、デジタル化された情報やコンピュータによる簡単な処理については、無償もしくは安価で即座に得られる状況が実現しているわけです。

　このような状況にあっては、**情報の価値はすぐに下がり、ゼロになる**、あるいはゼロに近づいていきます。映画は公開当初には映画館に行かなければ見られませんが、少し経過すればサブスクリプションサービスの定額料金の中で試聴したり、テレビで無料放送されたりします。ポピュラー音楽などは、発売前からミュージックビデオが無料で公開されることが多く、CDや配信で購入するのはアーティストを応援するとか握手券などの特典目当てという意味合いが強くなっています。新聞を購読しなくても、ニュース記事はインターネットで無料で見られるのが当たり前になりました。インターネット普及以前には高額で購入するのが当たり前だった百科事典も、今は無料で利用できるWikipedia等にとってかわられています。

　情報の価値が下がっている中で、**相対的に価値が高くなっているのが、経験です**。象徴的なのが音楽ライブで、音楽ライブに参加する経験はライブ映像には還元できない固有の価値を持つと考えられており、入場料や交通費やグッズ代等の高額の費用をかけて音楽ライブに参加する人が多くいます。音楽ライブなどのイベントへの参加、素敵な飲食店での食事、旅先での種々の体験、音楽の演奏やスポーツを行うこと等々、デジタル情報に還元できない経験に費用をかけること

は、社会の情報化が進んでも変わることがありません。

　社会の情報化は、情報の価値を下げ、相対的に経験の価値を高めています。こうした傾向は、今後もますます顕著になるでしょう。

　このような状況にあって、単純な知識を覚えることの価値はかなり疑わしくなっています。もちろん、文章を読んで理解するとか、ごく簡単な計算を暗算で行うといったことはできた方がよいでしょう。しかし、難しい漢字を手書きで書けるように覚えたり、複雑な計算を筆算で正確にできるようにしたりすることは、ほぼ必要ないはずです。歴史や地理の細かい知識を覚えることにも、ほとんど意味はないでしょう。こうしたことはすべて、仮に習得していなかったとしても、スマホなりパソコンなりがあれば、すぐにできてしまうのです。

　「個別最適化された学び」は、ともすると、このようにスマホやパソコンに代替されそうなことに特化した内容の習得ばかりに使われることになりかねません。コンピュータで個別学習を進めるのであれば、問題と答えが1対1対応しているような単純な課題が扱いやすいからです。漢字の練習や計算の練習ばかりをコンピュータを使って進め、その履歴を分析して個別最適化すれば効率はよくなるでしょうが、そもそもスマホやパソコンで代替できることについて効率を上げてもそのこと自体にあまり意味はないはずです。

　学校教育においても、情報の価値は下がり経験の価値が相対的に上がると考える必要があります。今後の学校教育を考える際には、学校が提供できる**価値ある経験**とは何かが問われるべきであって、情報機器の活用もそうした価値ある経験を実現するという観点で検討されるべきです。

　社会において経験の相対的な価値が上がる中で、経験をするためにも情報がさまざまな形で活用されていることに注意が必要です。好きなアーティストのライブを楽しむためにも、ライブ関連の情報を事前に収集することをはじめ、ファン同士でライブ前後にやりとりをしたり、ライブ会場付近の食事場所等を探したりと、情報を活用する機会

は多くあります。楽しい食事や旅行の経験をするためにも、旅行サイトの活用等、情報を活用することが重要です。音楽の演奏やスポーツの実技を習得するためにも、音楽教室やスポーツクラブの情報を収集したり、練習方法についての情報を収集したり、同じ音楽やスポーツを楽しむ人とSNSでコミュニケーションしたりすることが不可欠です。情報単独の価値は低くても、価値ある経験を実現するためにはさまざまな情報の活用が必要なのです。

このことをふまえれば、学校での学習においても、学校でなければ提供できない経験を提供することが重要であり、そのために情報機器を効果的に活用することが求められるということになります。今後、教育研究者はこうした方向での研究を進める必要があります。

＃「AIAI モンキー」と、その先

1人1台環境を活かす一つの方向が、学習者たちが書いた意見を瞬時に分析して共有するということです。学校の授業において、教師の一方的な話は教科書や動画教材でも代替できる情報と言え、残念ながら価値は低いものとなります。しかし、学習者が多様な意見を出し合うことには、その場限りの偶発性があり、たまたま一緒にいた者同士で意見を深める過程には無限のバリエーションがあって再現困難です。ということは、**学習者同士が意見を交流する過程は、経験として価値があるものだと言えます。**学習者同士が意見を交流する機会を豊富に設けることには、集団で学習する学校教育でこそ提供が可能な経験とも言えます。

しかし、現実には学習者同士の意見の交換は、必ずしも価値あるものとなっているとは言えません。グループでの話し合いはいつも同じメンバーの間でなされ、あまり多様な意見が出されず、それぞれが意見を出して終わることもしばしばです。一斉授業場面での話し合いは教師主導で行われることが多く、教師の「意図的指名」によって教師が想定して結論に向かう予定調和の話し合いになることが目立ちま

す。授業において偶発性が忌避される傾向が見られ、そのために授業という経験から偶発性がなくなり、授業の固有の経験としての価値が弱くなってしまっています。

もちろん、授業における話し合いが混沌を極めればよいということにはならないでしょう。30人前後の学習者が話し合い、偶発性から固有の経験が提供でき、しかもあまり混沌に陥らない、というのは無理な注文に見えるかもしれません。

しかし、情報機器を上手に活用することによって、こうした授業の実現が可能になります。それは、スマホやパソコンの活用によって、ライブ参加や旅行などの経験に、偶発的な面があっても過度の混沌に陥らずに成立するようになるのと同様です。

このような思いをもって、私が研究グループの方々とともに開発したシステムが、「AIAIモンキー」です。このシステムはもともと道徳の授業のために開発されたもので、学習者がタブレット等の端末から意見を打つと、クラウド上でコンピュータが学習者の意見を解析して整理して表示してくれるものです。

具体的には、指導者用端末でも学習者用端末でも、次のことができます。

○ 学習者が入力した意見を単語に分けて解析し（**形態素解析**）、単語が使われている頻度に合わせた大きさで単語を表示し（**ワードクラウド**）、単語をクリックあるいはタップするとその単語が使用されている意見が一覧表示される。
○ 学習者が意見を入力する際に、あらかじめ定められたカテゴリーの中から一つ選んで入力する。すると、カテゴリー別の人数が表示され、カテゴリーごとに意見の一覧が表示される。

この「AIAIモンキー」では、学習者が数十人全員の中でさまざまな意見に偶発的に出会うことが促されます。全員の意見の中から、気

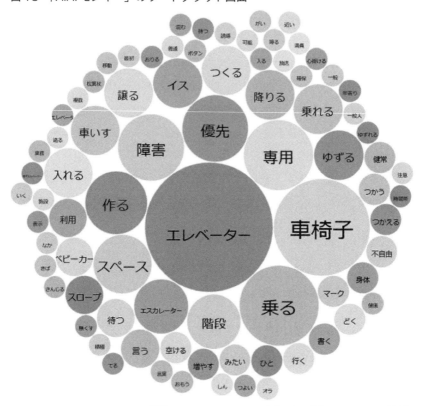

図18 「AIAIモンキー」のワードクラウド画面

※利用については、アクティブブレインズ社のホームページ参照。

になるキーワードが含まれている意見を次々と選んで読み、多様な意見に触れることが可能となります。大人数が書いている言葉からでも、たった一人が書いている言葉からでも、他の人の意見に触れることが可能です。最終的には、教室全体の意見の傾向をカテゴリー別の人数で確認し、各カテゴリーに属する意見を網羅的に読むことが可能です（図18）。

　このように、多様な意見と偶発的に出会う経験は、従来のグループ学習や一斉学習での経験とは大きく異なるものとなりえます。「誰の意見か」という先入観にとらわれず、使用されている語が手がかりと

図19 類義語を自動的に表示する「ひろがれ言の葉」の画面

※利用については、アクティブブレインズ社のホームページ参照。

　なって多様な意見が現れてくる中で、子どもたちは自分はどう考えるかをあらためて問われることとなります。面白い意見と出会う経験、自分の考えを掘り下げる経験が、「AIAIモンキー」を使うことで提供されるのです。

　社会では、大量のデータをAIが瞬時に分析して活用することが、各所で行われるようになっています。学校の授業においても、大量のデータを分析して活用することが、さまざまな場面で考えられるはずです。「AIAIモンキー」は、子どもたちが書いた意見を、（あまりビッグではないですが）言わばビッグデータとして扱い、形態素解析という手法で解析してワードクラウドという手法で見せています。AIの活用と言うには大げさですが、コンピュータを利用しなければ実現できない経験を学習者に提供することはできています。

　私たちの研究グループでは、この「AIAIモンキー」の成果を活かして、任意の文章を入れると類義語辞典を自動的に参照して文章中の語にカーソルを合わせると類義語を表示するシステムの開発も行っています（「**ひろがれ言の葉**」としてリリースしています。図19）。今

後も、自然言語解析等の技術を活用して、コンピュータがあるからこそ実現できる経験を、子どもたちに提供できるようにしていきたいと考えています。

＃ 包摂しケアするシステムとしての学校へ

「GIGAスクール構想」によって「個別最適化された学び」が進むことは、子どもたちが孤立し分断されることであってはなりません。互いの違いを前提としつつ、互いを認めながらともに生活することができる居場所が作られ、その居場所である教室においてかけがえのない経験を重ねていけるようにすることが求められます。

そして、このようなこれからの教室は、教員と子どもたちだけで閉じたものとはならないはずです。2002年度に小中学校に総合的な学習の時間が導入されて以降、子どもたちが地域に出たり、地域の方々等が教室を訪れたりして、外部の方と関わりながら子どもたちが学習する機会は確実に増えました。キャリア教育が実施されるようになり、自分たちが大人になって社会で活躍する姿をイメージしながら、子どもたちがさまざまな大人と出会い、大人から学ぶ機会が増えています。

外部の大人との関わりは、子どもたちの偏った考え方を修正する契機になります。子どもたちはともすると、同質性の強い集団の中にあって、特定の人を差別・排除してよい、強い者が絶対的に正しい等の、偏った考えを抱き、同調圧力の中で異なる考え方を否定します。しかし、外部の大人にはそうした偏った態度は通用しません。いじめ防止授業に外部の大人が入ることで、学級の中で排除されがちであった子どもの話が尊重されたり、強いと思われていた子どもにも弱い面があることが見えてきたりすることがあります。キャリア学習の中で、自分が好きなことに自信が持てなかった子どもが、大人になっても好きなことを活かして働くと楽しいということを知ることもあります。

　教職員が外部の人と接することも、教職員の偏った考え方を修正することにつながると考えられます。外部の専門家が加わった形でいじめ対応の会議や教育相談部会を開けば、問題があると見られていた子どもへの対応が不十分であったことや、問題とされる行動の背後に別の課題があったこと等が明らかになることがあります。校内研究会に外部講師を招くことによって、ICTを活用した新しい授業の方法を学んだり、多様な意見を活かして授業を行うことを学んだりすることができることもあります。

　このように、子どもたちも教員も、教室外、学校外の人と関わることを通して、自分たちの偏った考えを修正することができます。そうしたことを重ねることによって、多様な子どもが尊重され伸ばされる学校を作ることが促されることでしょう。すなわち、差別・排除でなく社会的包摂（ソーシャル・インクルージョン）を進めるとともに、多様な子どもたちを適切にケアできるように、学校が変わっていくことが期待されます。

　とはいえ、学校教育には地理的・時間的な制約があり、子どもたちや教職員が外部の人と関わる際にはかなり不自由でした。

　しかし、新型コロナ禍でリモートワーク等が進んだ結果、Zoom等を利用したオンライン会議が広く行われるようになり、こうしたオンライン会議に慣れた人が激増しています。今や、オンライン会議に特段の抵抗がないという人がかなり増えたのではないでしょうか。

　このことは、学校が外部の人とつながるには好条件です。地理的な制約を超えて、学校が外部の人とつながることが可能になります。外部の人が授業や研修会の講師を務めていただく際に、学校を訪れなくても教室や会議室と直接つないで話をしてもらうことが可能です。また、オンライン会議を録画して後から視聴することも可能なので、授業や研修会を欠席した人に後で映像を見てもらうことが容易になります。対面での授業や研修会をビデオ撮影して後から見ることも可能ですが、どうしても、現場でないとわかりづらい部分が出てきます。し

かし、もともとがオンラインであれば、双方向性が失われることを除けば、リアルタイムでの視聴と後からの視聴とで、見たり聞いたりできることに差はありません。こうして、オンライン会議ツールを利用することによって、学校が外部の人とつながるのに、地理的な制約も時間的な制約もかなり取り除かれることとなります。

　こうなると、習うより慣れろです。1人1台端末が高速ネットワークにつながっている状態であれば、教師がすべてお膳立てしなくても、子どもたちが少人数で学校外の人とオンライン会議ツールで接続して、インタビューを行うことも容易になります。あるいは、グループで議論する際に、グループに1名、外部の大人の人に入ってもらって、一緒に話し合うということも可能です。教員も子どももオンライン会議システムを日頃から積極的に活用し、使うことに慣れていくことで、学校が日常的に外部に開かれたものとなります。そうすることで、学校が包摂しケアするシステムとして機能することが可能となります。

　こうした取り組みに、私が理事長をつとめるNPO法人企業教育研究会が、アクセンチュア株式会社とともに開発した問題解決について学ぶ授業プログラム「ゆら社長のジレンマ」を、オンラインで実施している例があります（図20）。「ゆら社長のジレンマ」は、近未来の中学生たちが作っている地域連携観光関連企業を舞台に、教室の生徒たちが社内の六つの部署に分かれ、社長の「波音ゆら」の意思決定に貢献すべく会社への提言をしていく、中学生向けの授業です。従来は教室に原則として6名の社会人の方に来ていただき、部署に1名ずつ、アドバイザーとして入っていただいて生徒たちの話し合いをサポートしていただいていました。新型コロナ禍で社会人の方がまとまって学校を訪問することが難しくなったことを機に、Zoomを活用したオンライン授業を実施するようになり、社会人の方々が遠隔で生徒たちの議論をサポートしてくださっています。

　情報技術が発展することによって、社会の状況は大きく変化してい

図20 問題解決について学ぶ授業「ゆら社長のジレンマ」の教材画面

※授業については、企業教育研究会ホームページ参照。

ます。学校においても、情報技術を積極的に活用し、情報技術発展の恩恵を存分に活かしていくことが求められます。

❖おわりに　2030年の二つのシナリオ
　　──イノベーションを成功させるために

　コロナ禍でスタートした2020年代が終わり、迎えた2030年。日本の人口は緩やかに減少を続け、第二次世界大戦後に生まれた「団塊の世代」が80代となって高齢者が増えた一方で、小中学生の数は2020年ごろより2割程度減少しています。2030年の日本の学校の様子を見てみると、こんな様子が見えてきました。

◆【シナリオ1】イノベーション成功バージョン

　2020年度に始まった「GIGAスクール構想」で、小中学校等に1人1台端末が配備され、高速インターネット接続も可能になった。その後も政府や矢継ぎ早に教育のデジタル対応を進めていく。

　ICT支援員の大幅増、教育用ソフトウェア購入のための予算措置に続き、2022年には高校にも「GIGAスクール構想」を拡大。2023年には前倒しで学習指導要領を改訂し、2025年から本格デジタル対応を掲げた新学習指導要領が施行された。

　新学習指導要領では、1人1台端末環境を前提に、各教科の内容や指導方法を大胆に見直した。紙の教科書を移行しただけの第一世代デジタル教科書に代わり、ゲーム的な要素を取り入れ、集団で探究や冒険を進めるタイプの第二世代デジタル教科書の利用が可能となり、教員が教えるというより教員とともに考え、活動していく授業が一般的となった。

　新学習指導要領改訂とともに、学校設置基準も改訂され、学校には1人1台端末環境と高速ネットワークを必ず設置することが定められるとともに、学級規模の削減、端末を余裕を持って使えるように教室の児童生徒用の机を従来の2倍近い面積のものにすること等、教室環境の整備が制度化された。

　小学校低学年ではタブレット端末とペン入力を活用して読み書き計算を中心にスキルを鍛えるとともに、身体表現や手作業を重視した音楽、図工、体育、生活科の学習を展開し、多様性を尊重しつつ互いの信頼関係を構築できるようにする。特性のある子どもには、タブレットアプリ等を活用した生活

面・コミュニケーション面の支援を手厚く行う。

　小学校3年生からはタイピングやプログラミングを徹底的に鍛え、基本的な文書作成はタブレット端末のキーボードを使用して行えるようにし、自分たちで簡単なプログラムを書いてシミュレーション等を行えるようにする。総合的な学習の時間はプロジェクト学習の時間となり、外部のファシリテーターと教員とが協働でプランを立て、地元地域あるいは遠方の地域の協力を得て、オンライン会議等を活用した学習を展開し、問題解決能力を育成する。

　中学校においては、基礎的なトレーニングを第二世代デジタル教科書で効率よく進めつつ、討論、実験・観察、身体表現、探究等の協働学習を各教科で行い、さらにはローカルな地域と海外の地域を接続した「グローカル」なプロジェクト学習を行う。

　高校においても、基礎的なトレーニングを第二世代デジタル教科書で効率よく進め、学校の枠を超えたオフライン・オンライン双方をさまざまなバランスで取り入れた協働学習を実施する。教員や外部の専門家が自らの強みを活かした少人数のゼミを開講し、生徒たちが自分なりの問題意識を伸ばし、卒業後の進路を主体的に決定できるようにしている。

　大学入試についてはあらためて改革が行われ、新しい全国共通テストは各教科に関する基本的なスキルや問題解決能力を問う試験となり、すべてコンピュータ端末を使用して実施されるようになった。大学ごとの個別入試でも、コンピュータを使用して文章を書く試験等が一般的となった。高校入試や中学入試でも、コンピュータを活用する入試が増えた。

　2020年前後に教員志望者が減少したことを受け、教員の働き方の改善が強力に進められた。上限30名とする少人数学級が実現し、教員の仕事を補助するスクールサポーターが多く採用され、中学校や高校の部活動についても部活動指導員の充実が進められている。そしてついに給特法が廃止されて教員の時間外労働には実態に見合った時間外労働手当が支給されることとなった。若い教員を大切にするために、大学などからの合意が得られたことを受け、新卒教員の採用が3月1日からと1ヵ月前倒しとなり、新年度の業務に合う内容を中心に1ヵ月の研修を受けてから教員として本格的に働くよう

になった。

　デジタル化による学習環境の充実と並行して、学校が子どもの抱える課題を適切に捉え、遅滞なく対応できるようにするよう、スクールカウンセラーやスクールソーシャルワーカー等の専門職が各学校で毎日勤務ができるよう専任化や配置時間の増加が進むとともに、学校の教育相談部会システムが強化され、日々の教育実践の中で教員たちがいじめを含む学校での悩みや不登校、家庭の問題等について迅速に捉えることが徹底するようになった。また、スクールロイヤーの配置が進み、子どもの人権を守ることを最優先に、学校が法令に従った対応をとれるようにすることが進められた。

　かつては一部地域にとどまっていたSNSによるいじめ等の相談システムはほぼ全国で利用可能となり、児童生徒が自分用の端末から相談することも増えた。また、日々の健康観察を児童生徒がタブレット端末に入力し、遅刻や欠席やその日の気分等から悩みを抱えている可能性がある児童生徒をAIが自動判別する仕組みも整えられ、いじめ等に苦しむ児童生徒が放置されないようにしようという機運が学校現場に強くなった。一定期間継続するいじめ被害の件数やいじめ重大事態の件数は、着実に減少している。

　教員を支える動きが民間にも広がり、社会人や学生が1年〜数年の期間、小学校等で臨時教員として勤務し、一部の授業を担当したり、教員とティーム・ティーチングで授業を担当したりすることができるようになった。企業やNPOが費用を拠出したり寄付を集めたりして必要な費用を集め、臨時教員になりたい人と学校とをマッチングするサービスを開始。教科に関わる専門的な知識を持っている人をはじめ、英語やプログラミング教育で活躍できる人、子どもの問題や地域課題に関心のある人等が、企業やNPO等から推薦され、学校現場に派遣されるようになった。臨時教員と元からいる教員とがよい形で協力し、学校ではデジタル機器を活用した授業が精力的に実施されるようになっている。

　「GIGAスクール構想」が契機となり、デジタル化を中心に、これまでなかなか変わらなかった学校教育の改革が実質的に動き出し、学校教育のイノベーションが進むというシナリオです。こんなにとんとん拍子に進まないだ

ろうと言われてしまいそうですが、いったん理想的な状態を描くことによって、多くの要因が絡み合う学校教育のイノベーションについて具体的に検討することができるはずです。

　では、最悪の場合はどうでしょうか。

◆【シナリオ2】イノベーション失敗バージョン

　2020年度、「GIGAスクール構想」の予算が前倒しで措置され、多少遅れる地域もあったものの2021年度には全国の小中学校に1人1台端末と高速ネットワークが配備された。

　しかし、施行されたばかりの学習指導要領（小学校で2020年度から、中学校で2021年度から施行）では、1人1台タブレット環境でなければならない学習内容が特に規定されておらず、教科書でもタブレット端末の使用を必要とする記述はなく、相変わらず感染症対策をしつつ、2020年度の休校措置で混乱を極めた教育課程の立て直しに追われる中で、教職員の余裕はなく、タブレット端末の活用はなかなか進まない。

　積極的に端末を使おうとしても、机が小さいこともあって児童生徒が端末を落下させて故障させることが多く、予備の端末も出払ってしまうことが増えた。画面のガラスが割れたり、充電用の端子が曲がったりといった問題も多く、原因不明ながら校内Wi-Fiへの接続ができない端末が増えたりもした。予算措置が終わり、端末を修理したり更新したりする予算がつかなかったり、ICT支援員の不足が常態化したりして、2025年ごろには実質的に1人1台端末環境を維持できない学校が増え、せっかくの端末が保管庫に入ったままという学校も珍しくなくなった。

　予算措置が厳しいことを理由に、少人数学級化は進まない。新型コロナ禍以降の不況で経済的に苦しい家庭が増えたこともあり、児童虐待等の問題は深刻化が止まらない。教員の待遇改善が進まないことから教員志望者は激減し、中途退職者も多いことから、常勤の教員が不足し、代替の教員も見つからずに教員に欠員があるままの学校も増えてきた。教員の疲弊が繰り返し報じられるために教員志望者が減り、さらに教員の疲弊が進むという悪循環が進んでいる。

子どもがスマホを持つのは当たり前になり、フィルタリングは機能の改善が進まず、利用は低迷し、多くの親は子どもたちのインターネット利用についてお手上げの状況だ。ゲームやSNSを日常的に長時間使う者は多く、ネットいじめや犯罪被害も止まらない。

　経済的に余裕がある保護者は、公立学校に多くを期待せず、子どもを私立学校に通わせるようになり、少子化が進んでいるにもかかわらず小学校受験や中学校受験は熾烈を極めるようになっている。私立学校や一部の塾では、子どもたちのスマホをうまく学習に使いつつ、生活習慣改善アプリ等の利用を義務付けて子どもをなんとか学習に向かわせている。しかし、公立学校では教員に余裕がなく、こうした取り組みはなかなか進まない。

　いじめや不登校の問題には改善の兆しはなく、文部科学省は繰り返し「危機的状況」であることを謳い、ガイドラインを定める等して学校現場に対応を求めているが、学校現場にはガイドラインに沿った対応をする余裕はなく、状況は悪化の一途をたどっている。

　そんなバカなと思われるかもしれません。しかし、「GIGAスクール構想」が一時的な打ち上げ花火で終わり、学校教育に必要な予算を削り続け、教員が疲弊する状況が進めば、イノベーションどころではありません。

　これまで、日本の学校教育は、教員たちの献身的な努力によって支えられてきました。学級規模は先進国最大水準、教員を支えるスタッフは少ないという状況で、子どもたちの学力は世界最高水準を維持してきたのは、先進国最長の労働時間を時間外労働手当もなしに働いてきた教員たちの努力の賜物です。

　しかし、教員たちが築き上げてきた教育のシステムは、黒板とチョーク、紙の教科書とノート、1学級最大40人の児童生徒といった環境に最適化されたものです。この環境で一人ひとりの違いを尊重し、協働学習を中心に子どもたちが課題を探究しつつ成長するような教育実践を行うというのは、かなり無理のある話です。こうした状況を変えずに、タブレット端末を配って高速インターネット回線を使えるようにしても、それだけでは教育にイノベーションを起こすのはかなり難しいはずです。

教える内容が変わらないのであれば、これまでの環境で授業をしてきた教員にとって、デジタル化は迷惑でしかありません。しかも、子どもたちへのスマホの普及は、生活習慣の乱れやネットトラブルといった生徒指導上の問題を引き起こす原因となっており、スマホの普及には大きなデメリットしかないのが現状です。

　イノベーションを可能にするには、社会がもっと学校を、そして教員を応援することが不可欠です。本来、教育にはもっとコストがかかるのです。そして、変化しつつある社会に合った教育を実現するには、さらにコストがかかります。そうしたコストを社会が喜んで負担することなしには、スマホ時代に求められる学校教育を実現することはできないということが、「子どものスマホ・SNS」の新常識です。

◆索引◆

教師が知らない「子どものスマホ・SNS」新常識

2021年4月1日　第1刷発行
2021年9月1日　第2刷発行

著者――――――――藤川大祐
発行者――――――――福山孝弘
発行所――――――――㈱教育開発研究所
　　　　　　　　　　〒113-0033　東京都文京区本郷2-15-13
　　　　　　　　　　TEL　03-3815-7041（代）FAX　03-3816-2488
　　　　　　　　　　https://www.kyouiku-kaihatu.co.jp
　　　　　　　　　　E-mail=sales@kyouiku-kaihatu.co.jp
装幀――――――――長沼直子
印刷所――――――――中央精版印刷株式会社
編集人――――――――山本政男

ISBN978-4-86560-537-2　C3037
落丁・乱丁本はお取り替えいたします。
定価はカバーに表示してあります。